COMPTE-RENDU

DES CÉRÉMONIES

QUI ONT EU LIEU AU

LOUROUX-BÉCONNAIS, AU PETIT-SÉMINAIRE MONGAZON

ET

A LA CATHÉDRALE D'ANGERS,

A L'OCCASION

DU SERVICE FUNÈBRE

DU GÉNÉRAL DE LA MORICIÈRE

ET DU

CINQUANTIÈME ANNIVERSAIRE

DE L'ORDINATION SACERDOTALE

DE

MONSEIGNEUR L'ÉVÊQUE D'ANGERS.

Allocution de M. Brouillet
Allocution de Mgr l'évêque d'Angers
Discours de M. Subileau
Homélie de Mgr l'évêque de Poitiers.

ANGERS,

EUGÈNE BARASSÉ,

IMPRIMEUR-LIBRAIRE DE Mgr L'ÉVÊQUE ET DU CLERGÉ
Rue Saint-Laud 83.

—

1865.

SERVICE FUNÈBRE

DU

GÉNÉRAL DE LA MORICIÈRE

DANS L'ÉGLISE

DU LOROUX-BÉCONNAIS.

Le dimanche 5 novembre 1865, au soir, Mgr l'archevêque de Tours et NN. SS. les Evêques d'Angoulême, d'Amiens, d'Angers, de Carcassonne, de Laval, de Limoges, du Mans et de Quimper, se rendaient au Loroux-Béconnais ; afin d'assister le lendemain au service solennel pour le repos de l'âme du Général de La Moricière.

La population du Loroux et des communes environnantes : Bécon, La Pouéze, Vern, La Cornuaille et Villemoisan, s'était répandue sur la route à plus d'un kilomètre et couvrait la longue rue du bourg. Il y avait là de quatre à cinq mille personnes qui attendaient l'arrivée des Prélats. Le clergé du bourg, auquel s'étaient joints ceux des paroisses voisines, vingt-cinq ou trente ecclésiastiques et le R. P. Fulgence, abbé de la Trappe de Bellefontaine, vinrent recevoir NN. SS. les Evêques ; et une magnifique procession, comme le Loroux n'en avait point vu encore, traversa les rangs pressés et recueillis de la foule, pour se diriger vers l'église. En un instant le vaste édifice fut rempli. Lorsque les neuf Evêques eurent pris place dans le sanctuaire, M. le curé du Loroux leur adressa un discours remarquable, où l'on retrouve toutes les qualités qui distinguent M. l'abbé Brouillet, l'élévation des sentiments, une foi ardente, la simplicité et la noblesse du langage. On le lira donc avec émotion et avec intérêt, parce qu'il est plein de généreuses pensées, et parce qu'il renferme certains traits ignorés du monde et qui sont comme un nouveau coup de pinceau donné à la grande figure de l'homme excellent et illustre, dont mieux que personne il connaissait le cœur incomparable.

Voici le discours de M. l'abbé Brouillet :

MESSEIGNEURS,

Les habitants du Loroux-Béconnais viennent déposer à vos pieds l'hommage de leur vénération et honorer dans vos personnes sacrées N. S. J. C. et le Souverain Pontife Pie IX, son Vicaire.

Cette foule de chrétiens de tous les âges et de toutes les conditions, est avide surtout des bénédictions divines que vous allez répandre sur elle, avide aussi du spectacle qu'offre à sa foi une si imposante réunion.

Elle désire prouver au Pasteur de ce grand diocèse combien elle est reconnaissante pour l'éclat qu'il donne à la triste cérémonie qui vous réunit.

Messeigneurs, un souvenir touchant revient à ma mémoire. Il y a un an environ, le Général de La Moricière, en considérant cette église qui est surtout son œuvre et qui fut, depuis son retour de l'exil, l'objet de son zèle, nous disait, dans l'abandon de sa conversation si affectueuse et si attachante : « Monsieur le curé, lorsque la flèche de notre église sera terminée, il faudra faire une grande cérémonie ; nous prendrons avec nous M. Joseph de Mieulle et nous irons, au nom du Conseil de fabrique et de la paroisse toute entière, trouver Mgr l'Evêque d'Angers, et nous lui dirons : Monseigneur, nous venons de bâtir une belle église, les habitants ont fait de grands sacrifices, les propriétaires ont donné de l'argent, les fermiers ont fait travailler leurs bœufs ; nous vous demandons, pour récompense, de la consacrer » ; et il ajoutait : « pour donner un plus grand éclat à cette cérémonie, nous le prierons d'inviter un grand nombre d'Evêques. » Hélas ! cette grande réunion qui devait s'effectuer dans la joie et l'allégresse, s'effectue prématurément dans la tristesse et dans les larmes. Ce n'est pas la pensée du Général qui se réalise, c'est une autre pensée bien élevée qui s'est présentée d'elle-même à un cœur d'Evêque profondément affligé d'avoir perdu le plus illustre de ses diocésains. Cet Evêque s'est demandé à lui-même : que ferai-je pour témoigner tous mes regrets, honorer cette grande mémoire et consoler une famille inconsolable ?

Je réunirai autour du cercueil du Général de La Moricière une couronne d'Evêques ; leur présence attestera au monde catholique, par ses représentants les plus élevés, la reconnaissance de l'Église, et montrera en même temps combien nous aimons le Souverain Pontife.

D'ailleurs les Evêques ne sont-ils pas aussi des généraux dans la grande armée des défenseurs de l'Eglise ? Ils combattent par leurs écrits, par la parole et par les œuvres ; le Général de La Moricière combattait avec l'épée , mais pour la même cause et dans le même but ; il y a dans cette grande lutte, quoique la milice soit différente, une fraternité d'armes qui oblige à se rendre mutuellement les honneurs funèbres.

La mort si soudaine du Général a été considérée d'abord comme une grande calamité pour le Saint-Siége. Et voilà que, par un des merveilleux secrets de la Providence, elle lui apporte un secours inattendu.

Le monde catholique s'émeut à cette triste nouvelle et reporte encore une fois toute son attention sur cette éternelle question romaine, qu'on voudrait faire oublier et qui s'offre sans cesse comme le suprême intérêt social et catholique.

Ce n'est pas seulement la Bretagne et l'Anjou, c'est la France, c'est l'univers entier, qui veulent honorer le défenseur du pouvoir temporel ; c'est le suffrage universel de deux cents millions de catholiques, approuvant l'œuvre du Général et votant à leur manière le pouvoir temporel du Pape après que les Evêques l'ont voté eux-mêmes à Rome en 1862.

Les braves qui se battirent à Castelfidardo et à Ancône, l'élite de la jeunesse française, votaient eux aussi, à leur manière, en versant leur sang ; mais les catholiques de tous les pays et de toutes conditions expriment en ce moment librement leur suffrage, et c'est encore un autre grave avertissement à ceux qui veulent anéantir le pouvoir temporel du Pape.

Ce grand mouvement des cœurs et des esprits et ces prières qui montent au ciel de tous les coins de la terre, procèdent d'une inspiration divine et montrent combien Dieu aime les défenseurs de son Eglise, puisqu'il répand sur eux de si abondantes miséricordes, même après leur mort.

Messeigneurs, permettez-moi de vous faire une demande en finissant, lorsque vous aurez prié pour le Général et béni particulièrement sa veuve et ses enfants, priez pour cette paroisse qu'il a tant aimée, où il a multiplié les bonnes œuvres. Je vous demande une bénédiction spéciale pour les membres du Conseil de fabrique ; ils ont bien mérité de la paroisse en entreprenant seuls, sous la direction épiscopale, avec les offrandes et les encouragements de quelques grands propriétaires et de presque tous les habitants, une œuvre difficile et bien entravée ; ils ont droit à la reconnaissance du présent et de l'avenir.

Bénissez les Sœurs de Saint-Charles qui, depuis quatorze ans, élèvent dans la piété nos jeunes filles, avec un si grand dévouement.

Bénissez les enfants et leurs familles, et que l'insigne honneur qui nous est accordé aujourd'hui soit le principe d'une nouvelle ferveur et d'un accroissement dans la piété.

Répandez une bénédiction spéciale aussi sur les vicaires et sur le curé.

La charge curiale est pesante dans cette immense paroisse ; elle est allégée, il est vrai, par la bienveillance paternelle de Monseigneur l'Evêque, la docilité des paroissiens et le concours dévoué de nombreux amis. Mais, hélas ! le cher Général ne reparaîtra plus au milieu de nous pour nous édifier et nous encourager par ses conversations entraînantes et son affectueuse bienveillance.

Cette perte irréparable attristera le reste de notre vie et nous prive du meilleur soutien.

Mgr l'archevêque de Tours répondit à ce discours avec cet à-propos et cette délicatesse de pensées et d'expressions que l'on est accoutumé de trouver dans ses paroles et dans ses écrits.

Il n'a pu parler sans réveiller le souvenir de l'homme qui faisait l'objet de ce pieux concours. En quelques mots rapides, il a rappelé les mâles vertus du Général défunt, et proposé comme exemple utile à tous son amour poussé jusqu'à l'abnégation de lui-même pour l'Eglise et pour la Patrie. Il adressa ensuite ses félicitations à ses collègues et à la population qui se pressait autour de lui.

Cette première partie de la funèbre cérémonie s'est terminée par la bénédiction du Saint-Sacrement ; et à l'issue du salut solennel, tous les Prélats se rendirent à la cure et vinrent saluer la noble veuve du Général, qui, surmontant son émotion et sa douleur, avait voulu les recevoir elle-même.

Le lendemain, les neuf Evêques que nous avons nommés, le R. P. abbé de la Trappe de Bellefontaine, le R. P. Eutrope, ancien abbé de Gethsémani, M. l'abbé Richard, Vicaire Général de Nantes, représentant le vénérable Prélat que retient dans son diocèse le fâcheux état de sa santé, plus de trois cents prêtres et une foule de parents, d'amis, d'admirateurs du Général de La Moricière se pressaient dans l'église du Loroux, et s'unissaient tous dans une communauté de prières, d'hommages, de respect, de reconnaissance, pour l'un des hommes qui, dans ce siècle, ont le plus aimé la France, l'ont servie le mieux, et laissent autour d'un nom sans tache les plus brillants souvenirs de gloire joints aux plus admirables exemples d'abnégation et de dévouement.

Mgr l'archevêque de Tours officiait pontificalement, et nous avons rarement trouvé, même dans les cathédrales de nos grandes villes, plus de pompe, plus de majesté, plus d'ordre et d'ensemble dans le cérémonial. Avant d'arriver au Loroux, nous n'avions pu voir, sans une émotion profonde, de nombreuses familles de cultivateurs, hommes, femmes, enfants, tous vêtus de deuil, se dirigeant en longues files vers cette belle église, d'un style architectural si noble, qui doit en grande partie son érection aux conseils et aux dons généreux du Général de La Moricière. L'empressement de ces braves gens nous touchait comme un témoignage ajouté à tant d'autres des sentiments de foi, de patriotisme, de fierté nationale, si énergiques au fond de l'âme du peuple dans notre pays, et qui survivent à toutes les révolutions, à tous les sarcasmes, à tant d'efforts faits pour les éteindre.

L'église était pleine, avons-nous dit, pleine d'hommes appartenant à toutes les situations et aussi à toutes les opinions, mais qui pensaient que, sur le terrain de la gloire et de l'honneur français, il ne pouvait y avoir ni arrière-pensée, ni dissidences.

Les cordons du poële étaient tenus par quatre personnes choisies parmi les parents et amis intimes du Général de La Moricière : MM. le comte de Bourmont, de la Bénardais, vicomte du Ponceau, vicomte de La Haye.

Après l'office, Mgr l'évêque d'Angers est monté en chaire et a parlé de l'illustre défunt en des termes qui ont profondément remué l'assistance. Plus d'une fois le vénérable Prélat a dû s'interrompre, vaincu qu'il était par l'émotion et par les larmes.

Louer le général de La Moricière, raconter sa vie, ses dévouements, ses vertus, lorsque la France entière retentit encore de la magnifique Oraison funèbre de Mgr l'Evêque d'Orléans, était une tâche à la fois délicate et ardue. Mgr l'Evêque d'Angers n'a reculé ni devant ce devoir, ni devant cette tâche, et annonçant à son auditoire, avec une modestie touchante, qu'il ne voulait ni ne pouvait prononcer

une Oraison funèbre après Mgr Dupanloup, il nous a parlé
comme un père, comme un apôtre, comme un Evêque catholique, mais aussi comme un Evêque français, qui n'a que
deux cultes, deux amours en ce monde, nous allions dire
deux passions, celle de l'Eglise et celle de la Patrie.

Nous nous empressons de reproduire cette belle allocution
toute imprégnée d'éloquence chrétienne. En un endroit,
Mgr l'évêque d'Angers la compare à des fleurs desséchées
qu'il répand sur la tombe du Général de La Moricière; qu'il
veuille bien nous permettre de dire qu'elle est plutôt une
des pierres qui serviront de base à l'impérissable monument
que le monde catholique et la France élèveront bientôt au
Général de La Moricière.

Mgr l'Evêque d'Angers s'est exprimé en ces termes :

MESSEIGNEURS,
MESSIEURS,
NOS TRÈS-CHERS FRÈRES,

Nous sommes ici en présence d'une grande mémoire et
d'une grande douleur. A l'une, nous devons notre admiration ;
à l'autre, nos sympathies. Toutes deux commandent le respect ;
mais, en outre, à cette veuve désolée sur laquelle maintenant
doivent se concentrer tous nos sentiments d'intérêt, et (qu'elle
Nous permette de le dire) d'affectueuse paternité, oui, à elle,
Nous devons notre concours sans hésitation, et notre empressement pour remplir ses moindres désirs. Elle a parlé ; elle a
demandé ; une prière de sa bouche est comme un ordre pour
Nous, et, dans cette imposante solennité, Nous osons apparaitre
dans cette chaire ! Oh ! si du moins, en répondant à son appel,
Nous pouvions adoucir ses peines ! Mais, il ne Nous est pas donné
de tarir la source de ses larmes, la main seule de la religion peut
les essuyer, et nos prières unies à ses prières obtiendront, Nous
l'espérons, que celui qui frappe et qui guérit, laisse tomber de
sa croix le baume qui cicatrise les blessures.

Rassurez-vous donc, Chère Fille, voyez tous ces intercesseurs
qui viennent prier pour vous et avec vous ; ces fidèles qui se
pressent dans cette enceinte et autour de ces murs sacrés, ces
prêtres vénérables accourus à notre appel, ces pontifes augustes,
qui, au nom de l'Eglise, au nom du Pontife suprème, notre père
bien-aimé, prient pour celui qui a été son généreux défenseur.
D'autres, célébrant ses exploits, déposeront sur sa tombe des couronnes de lauriers, Nous, aujourd'hui, Nous venons lui présenter
une couronne d'Evêques, et si des obstacles insurmontables n'en

retenaient beaucoup d'autres loin d'ici, ce sanctuaire ne suffirait pas pour les contenir. Messeigneurs, recevez l'expression de Notre reconnaissance. Nous parlons ici en Notre nom, sans doute, mais aussi au nom de ce diocèse, au nom de cette paroisse et de son excellent curé, au nom surtout de cette digne famille, de ces enfants orphelins et de cette mère inconsolable.

Qu'attendez-vous de Nous, Messeigneurs, et vous, Nos bien chers frères? Ce n'est pas sans doute de l'éloquence; Nous ne connaissons que celle du cœur et des larmes; Nous ne sommes point un orateur, et Nous ne venons faire ici, ni un discours, ni une oraison funèbre; les échos ont apporté jusqu'à Nous les magnifiques paroles qui ont célébré les talents et les vertus de notre illustre défunt, Nous devons demeurer muet sous le poids de notre admiration. S'il avait été permis de raconter deux fois les triomphes de cette vie et de cette mort, une voix plus autorisée, toujours chère, toujours sympathique, aurait, en ce jour, captivé votre attention. Elle a cru devoir se taire; Nous aurions dû l'imiter, et, à la vue de ce catafalque, répéter seulement ces paroles : *tibi silentium laus*. Mais, Nous l'avons dit, Nous n'étions pas libre, et vous Nous excuserez si, sur cette tombe si chère, Nous laissons tomber quelques paroles comme des fleurs fanées.

En vous parlant du Général Christophe-Louis-Léon de La Moricière, Nous ne voulons le considérer que sous le rapport religieux, et Nous ne lui apporterons d'éloges que ceux que la religion Nous mettra sur les lèvres. Au fait, Messieurs, devant un cercueil tout s'évanouit, et Dieu seul est grand. Voilà donc la seule victoire que Nous aurons à célébrer en ce jour, celle de la foi : *Et hæc est victoria quæ vincit mundum, fides nostra* (1).

Le Général de La Moricière naquit à Nantes, le 5 février 1806.

On croyait, dans l'antiquité, Messieurs, que les destinées du monde étaient écrites dans les cieux; et au moment où un nouveau-né apparaissait à la vie, on cherchait à lire dans les astres les présages qui devaient signaler son existence. Ce qui est plus certain, c'est que Dieu réserve dans les secrets de sa providence et en tire, au temps marqué, ceux qu'il a préparés pour faire son œuvre; quelquefois même, par ses prophètes, il les a appelés par leur nom longtemps avant leur naissance.

La Moricière venait de naître; on félicitait ses bons parents; on jouissait du présent, on formait des vœux pour l'avenir; si l'on avait pu mesurer d'un regard l'horizon encore voilé, on se serait écrié comme autrefois : *Quis putas puer iste erit* (2)? Eh! quel sera donc cet enfant?

---

(1) I Joan., v, 4. — (2) Luc, i, 66.

L'Eglise venait de lui ouvrir son sein ; il fallait lui nommer des patrons : on en choisit trois, dont les noms étaient comme des prédictions : *Christophe*, porte-Christ, défenseur du Christ; *Louis*, administrateur, guerrier, tenant l'épée d'une main ferme, et combattant vaillamment contre les ennemis de l'Eglise. Le dernier était un grand Pape, saint Léon, qui eut à soutenir des luttes terribles sous les murs de cette ville de Rome que lui-même Léon de La Moricière devait être appelé à défendre aussi un jour.

Et comme si tout pouvait être regardé comme un symbole, l'écusson lui-même de la famille devait tracer un jour à ce rejeton le chemin de la foi et de l'honneur. Lisez, Messieurs, lisez sur ce catafalque cette noble devise : *Spes mea Deus*, mon espoir est en Dieu. Noble cri de guerre qui sera bien justifié. Oui, cher enfant, Dieu sera ton espérance, ta force, il te guidera au milieu des périls : *Spes mea Deus !* Sur ce blason nous voyons encore les coquilles du pèlerin. O mon fils, c'est que la vie est un pèlerinage; heureux si, au milieu de ses écueils et de ses précipices, tu portes toujours *haut* et *droit* la bannière.

Mais à ce blason une chose manque. Messieurs, c'est une croix. La croix, elle est bien placée partout, elle domine les tourelles du château, elle est tracée sur la porte de la chaumière, elle est placée sur la poitrine des braves comme signe de l'honneur ; cet enfant, un jour, en saura conquérir une ; elle sera renversée comme celle à laquelle fut attaché le prince des Apôtres, et elle s'appellera la croix de Castelfidardo (1).

Croissez maintenant, Enfant béni du ciel, croissez pour la famille, pour la patrie, pour l'Eglise; ô ma chère Bretagne, le voilà ton fils nouveau-né, veille auprès de cet autre Duguesclin. O France, ma patrie bien-aimée, berce celui qui grandira pour te défendre ; et vous, Saints Anges, gardez-le bien, couvrez-le de vos ailes, il sera lui-même un jour, comme cet ange ou comme ces deux Apôtres, qui, suivant une ancienne tradition, protégèrent le grand Pape saint Léon, son patron, contre la fureur d'Attila et des barbares. Heureux, lui-même, s'il pouvait les rejeter aux pieds de leurs monts ! ainsi le roi des Huns fut-il forcé de rentrer dans les plaines sauvages qui avaient vomi ses hordes féroces. Hélas ! non, Messieurs; c'est qu'il peut y avoir des barrières contre la barbarie, mais il n'y en a guère contre la civilisation dégénérée qui a pour satellites l'impiété et la corruption des mœurs.

Après les premières années passées dans la maison paternelle, le jeune La Moricière dût être placé dans les colléges pour son

---

(1) L'Apôtre saint Pierre fut crucifié la tête en bas sur le mont *Citorio ;* la croix donnée aux zouaves est renversée comme celle de l'Apôtre.

éducation, et alors pour lui commencèrent les luttes de l'esprit et les joutes littéraires. Il est facile de comprendre avec quelle ardeur il se lança dans la carrière, il y courait comme plus tard à l'assaut. Mais nous avons ici un témoin de ses succès. Il avait, en effet, pour professeur de philosophie un saint prêtre qui alors lui ouvrait les trésors de la véritable sagesse. Depuis, fuyant le tourbillon du monde, ce prêtre est allé, comme aux temps anciens, se cacher dans la solitude du désert ; c'est le Vénérable et Révérend Père Abbé de la Trappe de Bellefontaine : si sa modestie, encore plus que son âge et ses infirmités, n'y avait mis un obstacle que nous ne pouvions pas nous flatter de vaincre, c'eût été à lui, bien mieux qu'à nous, de vous parler de son élève. Il a bien voulu quitter sa solitude pour apparaître dans ces lieux, comme Antoine autrefois quittait son désert pour descendre dans Alexandrie. Oh ! ce serait à lui à nous dire quelle était la vivacité, l'ardeur du jeune Léon pour l'étude, quelles les lumières de son intelligence, quelle la rapidité de son coup d'œil pour sonder les mystères de la science et comment il se préparait par de fortes études à entrer dans cette École Polytéchnique qui ouvre la porte aux grandes et aux nobles professions.

Le vénérable Père, après quarante ans d'intervalle, se souvient encore de ces heureuses dispositions de son élève ; qu'il veuille bien Nous pardonner si Nous sommes indiscret, mais, dans une lettre toute récente (du 24 octobre dernier), il Nous disait que le jeune La Moricière était, « sans contredit, un des meilleurs » élèves de sa classe, sous le rapport de la conduite, du travail » et des talents.... Mais, ajoute cette lettre, ce qui le distin- » guait par-dessus tout, c'était spécialement une aimable » simplicité, une modestie et une douceur charmantes. » Nous citons, et pourquoi, malgré la présence du vénérable et saint Abbé, ne terminerions-Nous pas notre citation ? elle finit par un acte de modestie. « Toutes ces qualités, continue-t-elle, » étaient bien précieuses, sans doute, mais il aurait fallu une » perspicacité plus grande que la mienne pour découvrir » l'avenir et tout ce que la divine providence avait renfermé » de noble, de bon, de vraiment grand dans cette belle âme. »

Le Général, malgré la distance du temps et le tumulte de sa vie si agitée, n'avait oublié ni les leçons, ni les vertus de son professeur. Il y a quelques années, le Vénérable et Révérend Père vint visiter au Chillon son ancien élève ; le Général l'embrassa avec effusion de cœur, en lui exprimant toute sa reconnaissance, il l'entoura d'honneurs autant qu'il le pouvait, et pendant plusieurs heures il s'entretint avec lui des questions les plus graves concernant la religion et l'Eglise. (Note de M. Brouillet, curé du Loroux.)

M. de La Moricière avait conservé les mêmes sentiments

d'estime et d'affection pour son répétiteur, homme que distinguaient et ses talents et sa piété. Ce fut auprès de tels maîtres qu'il puisa ces sentiments de foi et de respect pour la religion qui ne l'ont jamais abandonné, même lorsque la dissipation des camps lui en avait fait oublier les pratiques.

C'est après être sorti de l'Ecole Polytechnique et de celle d'Application qu'il s'élança pour voler sur cette terre d'Afrique où il a passé une grande partie de sa vie et qui a été le témoin de ses exploits.

N'attendez pas de Nous, Messieurs, que Nous le suivions sur ce terrain. Fidèle à notre programme, Nous ne voulons célébrer en ce jour que les victoires de la foi : *hæc est victoria quæ vincit mundum, fides nostra.* Nous n'entreprendrons point de peindre la bouillante ardeur du soldat, la vigilance du capitaine, les hautes vues du général sur les champs de bataille, son audace, son entraînement irrésistible; pour raconter de tels faits et peindre les héros dans les plaines de Rocroy, ou sur les murs de Constantine, il faut la plume d'un Bossuet, ou d'un Dupanloup. Nous n'avons point une telle témérité, mais Nous saurons lui tenir compte des efforts qu'il a faits, des nobles paroles qu'il a prononcées pour civiliser l'Algérie, et sur cette terre si longtemps chrétienne et devenue infidèle pour replanter de nouveau la croix, oui, la croix qui s'unit si bien à la bravoure, et qu'il devait, en face de la mort, serrer si fortement sur sa vaillante poitrine. Nous Nous associons donc de tout cœur aux éloquentes et si chaudes paroles de Mgr d'Orléans pour apprécier les services rendus en Algérie à l'Eglise et à la civilisation par notre illustre défunt.

Certes, Nous aurions bien à payer un autre tribut à sa valeur, au nom de la France, au nom de la société ébranlée sur ses bases, si Nous le suivions dans ces luttes fratricides qui ont ensanglanté, qui ont étonné cette capitale si habituée pourtant aux révolutions. Puisse le nom du Pontife martyr expirant sur des monceaux de pavés et de cadavres être enfin exaucé par le Dieu des miséricordes ! puisse le sang de cette noble victime être le dernier versé sur cette terre qui dévore ses habitants ! Oh ! nous avons bien vu assez d'autels profanés, assez de sceptres brisés, de trônes renversés ! mon Dieu, sauvez cette France, fille aînée de votre Eglise, et qui marche à la tête des peuples pour les conduire à la foi ou à l'anarchie ! vous qui enchaînez les vents et calmez les tempêtes, mettez un frein à la fureur des flots et aux complots des méchants ! Des bruits sourds se font entendre, la terre tremble encore sous nos pas, et nous entendons mugir les vagues : divin pilote, sortez de votre sommeil, la barque de Pierre est agitée par les vents déchaînés, la foudre menace la frêle nacelle, parlez, Maître, commandez, sauvez votre peuple, *Parce, Domine, parce populo tuo,* et ne permettez pas le triomphe de l'impiété. Mais tirons le voile sur toutes ces scènes du passé, du présent et peut-être de l'avenir, prenons confiance dans la bonne providence entre les bras de laquelle se jette avec tant d'abandon notre très-saint et bien-aimé Père : remercions, du fond du cœur, tous ceux qui ont contribué à fermer les abîmes et à enchaîner l'anarchie ; rendons hommage, surtout, à l'intrépidité, au sang-froid, au courage calme ou fougueux du Général de La Moricière.

Il avait remis dans le fourreau sa vaillante épée, il pouvait se reposer dans son triomphe, mais d'autres épreuves lui étaient réservées. Sur ce terrain de la politique, Nous ne poserons point un pied imprudent, Nous n'avons point à sonder, pas plus qu'à révéler ses secrets, mais un autre horizon s'ouvre devant nous, voici, suivant l'expression de nos saints livres, *une terre nouvelle et des cieux nouveaux.* Il faut pour notre Général d'autres combats et d'autres victoires, et voici venir la victoire de la foi : *Hæc est victoria quæ vincit mundum, fides nostra.* Elle peut bien s'élever au-dessus de celles des combats et des champs de bataille, et la palme qu'elle réserve au vainqueur vaut mieux que celles qui sont tachées de sang et de poussière.

La Moricière arrivé au faîte des honneurs, en est tout à coup précipité. Quelle chute soudaine ! Ne craignez rien, Messieurs. Nous ne voulons point voir ici la main des hommes,. Nous n'y voyons que *le doigt de Dieu,* qui prend par la main son fils bien cher pour le conduire dans la solitude. À lui aussi il dit : Venez à l'écart. *Venite seorsum ;* venez vous reposer un peu : *Requiescite pusillum ;* oui, un peu, car le repos de la terre ne peut être que pour un peu de temps, *pusillum.* Venez, oh ! vous en avez bien besoin, après tant d'agitation. Venez avec moi, mon fils, pour entendre les leçons de la sagesse. À vous qui ne craignez rien, j'apprendrai la crainte du Seigneur, *Timorem Domini docebo vos,* et le lion prend la route du désert. Chère compagne de son exil, témoin de ses vicissitudes, de ses douleurs en quittant cette France chérie pour laquelle il avait versé son sang, en brisant les liens si doux de l'amitié et de la famille, ce serait à vous à nous raconter ses plaintes et les émotions de son cœur ulcéré ; ce serait à vous de nous dire comment votre main si douce, votre cœur si aimant a calmé cette irritation. Ah ! vous aussi, vous avez remporté la victoire sur celui que la force n'avait jamais pu vaincre, et cette victoire, c'est celle de votre foi, *et hæc est victoria quæ vincit mundum, fides nostra.*

Oui, Messieurs, pour arriver à une âme, la grâce a des chemins qu'elle seule connaît ; ce que nous savons seulement, c'est que la voix de Dieu qui surpasse nos prévisions, nos calculs, à nous, pauvres hommes, la voix de Dieu, pour se faire entendre, a besoin de calme, elle craint la commotion ; *non in commotione Dominus* (1). Général, il se faisait trop de bruit autour de vous : le bruit du canon des batailles, de celui même qui annonçait vos victoires ; le bruit de la tribune, le bruit des louanges ou des contradictions humaines ; il faut vous soustraire à tous ces bruits, ouvrez votre oreille à une autre voix : *inclina aurem tuam mihi* (2). C'est dans la solitude que j'aime à parler à une âme. *Ducam eam in solitudinem et ibi loquar ad cor ejus* (3).

Et ce cœur, ô mon Dieu, oui il vous écoutera. *Loquere, Domine, quia audit servus tuus* (4).

Cette voix de Dieu, elle avait été étouffée au milieu de la vie tumultueuse des camps, mais non repoussée par l'indifférence, ou par le défaut de foi. La solide éducation reçue dans sa jeunesse, les bons conseils et les exemples du pieux répétiteur qui l'avait guidé, comme nous l'avons dit, étaient une semence au fond de ce cœur généreux. Le bon grain germe, même sous la couche des frimas, pour porter la moisson dans son temps, et Nous savons comment, dans sa province d'Oran, il servait les intérêts religieux, il encourageait les ecclésiastiques, et en particulier M. le curé d'Oran. Des notes précieuses Nous ont appris qu'il avait avec lui les relations les plus fréquentes et les plus affectueuses, et, bien qu'alors il négligeât la pratique des devoirs du chrétien, il portait au progrès du catholicisme le plus grand intérêt, il encourageait son curé dans cette mission laborieuse, il entourait d'éclat les cérémonies de l'Eglise, et, à la Fête-Dieu, il faisait rendre au Saint-Sacrement tous les honneurs militaires.

En 1848, pendant l'hiver, il fit beaucoup de tentatives pour déterminer, à Paris, un certain nombre d'ecclésiastiques à aller au secours de l'Algérie qui manquait de prêtres.

Au mois d'avril 1851, il accourait de Paris au Louroux, comme l'a dit Mgr d'Orléans, pour aider le curé à préparer à la mort son oncle dangereusement malade. Dans le courant de cette même année, il s'occupait de la reconstruction de cette belle église paroissiale, et contribuait puissamment avec un autre propriétaire, dont le nom est ici dans toutes les bouches, à créer pour cette importante paroisse une école dirigée par des sœurs. Ainsi, déjà la grâce préparait ce cœur et *rendait droits ses sentiers* (5).

L'exil fut encore une grâce pour lui. Ne vous étonnez pas de ce mot, N. T. C. F. Ici, c'est la foi qui tient le flambeau, et non la raison humaine. Le Dieu qui a souffert, aime à consoler ceux qui souffrent, il s'approche d'eux avec bonté : *In*

---

die tribulationis commemorabitur tui (1), il parla au cœur
de l'exilé, et cette âme active, ardente, qui voulait se
rendre compte de tout, se prit à étudier la grande question religieuse. C'était pour lui comme un de ces problèmes dont il
cherchait autrefois la solution à l'École, et Mgr d'Orléans ne
nous a-t-il pas révélé qu'en suivant sur une carte de Crimée la
marche des armées, il avait placé pour l'appuyer, le catéchisme,
l'Imitation et un ouvrage de philosophie. Pour l'aider dans ses
recherches, Dieu lui envoya son ange, et cet ange ce fut le
vénérable, l'excellent P. Deschamps, celui là même qui vient
d'être élevé sur le siége de Namur, et qui, à Frascati, vient de
rendre un si éclatant hommage au Général en présence de ses
zouaves et des troupes pontificales. Pendant l'hiver et le carême
de l'année 1835, il allait trois fois par semaine passer ses soi-
rées chez le P. Deschamps, questionnant, discutant, puis ac-
ceptant les leçons du pieux religieux. Ainsi, pendant ce temps,
que l'Église appelle un temps favorable, *tempus acceptabile,* se
préparait-il à la grande solennité pascale, et, à la fin du carême, il vint s'asseoir avec un indicible bonheur, et les yeux
mouillés de larmes, à la table sainte pour y recevoir le pain des
anges.

Depuis cette époque, la foi réchauffait, brûlait ce cœur qui
venait de retrouver celui qui seul pouvait en remplir la capacité.

Il fallait un aliment à son activité ; elle le poussait vers les
bonnes œuvres ; de Bruxelles même, il ne cessait d'écrire pour
en presser le développement : « Je vois que l'œuvre des sœurs,
» écrivait-il au curé du Loroux, n'a pas fait de progrès depuis
» la fondation, est-ce que vous ignorez que tout ce qui n'a-
» vance pas recule ? »

L'œuvre de la construction de l'église était aussi l'objet de
ses constantes sollicitudes. « Le monde est ainsi fait, écrivait-
» il encore à son curé, qu'on ne peut y accomplir le bien sans
» luttes, sans difficultés et sans traverses. Ce n'est pas une
» raison pour ne pas faire ce qu'on doit, sans s'inquiéter de
» savoir si la récompense nous sera donnée dans ce monde ou
» dans l'autre... Je finis en vous priant de croire que, dans
» cette circonstance, notre concours ne vous fera pas défaut. »

Telles étaient ses sollicitudes, ses préoccupations ; ainsi
charmait-il les ennuis de son exil. Mais vous le savez, N. T. C. F.,
c'est dans le creuset des tribulations que l'or doit être purifié.
Pour élever cette âme généreuse, il fallait une dernière épreuve,
elle lui fut envoyée. Dieu lui demanda le sacrifice de tout ce
qu'il avait de plus cher au monde, de son fils unique comme
d'un autre Isaac. Ce fut en 1857 ; il n'eut pas la consolation de
recueillir son dernier soupir ; mais, déposant au pied de la

---

(1) Eccl., III, 17.

croix cette grande douleur, il écrivait à sa femme si digne de lui : « Nous devons aimer nos enfants pour eux-mêmes et pour » leur bonheur. Après tout, Michel sera plus heureux dans le » ciel qu'avec nous : Dieu nous l'avait donné, Dieu nous l'a » ôté, que son saint nom soit béni, que sa volonté s'accom- » plisse... » Ainsi pensent et parlent tous les saints.

Tant de résignation méritait une récompense, elle ne lui fut pas refusée.

La grande âme de Pie IX priait Dieu de venir en aide à son Eglise et de la soutenir contre des fils ingrats ; une inspiration d'en haut éclaire le Vicaire de Jésus-Christ : il jette un coup d'œil sur le monde pour y découvrir celui qui pourrait protéger l'arche sainte et le trône de Pierre ; ses regards s'arrêtent sur notre France, puis ils se fixent sur le héros chrétien qui, en effet, était digne d'un tel honneur. Un envoyé est chargé du message, comme à un autre Gédéon. Un jour autrefois l'ange du Seigneur apparut à Gédéon : *Apparuit ei Angelus Domini* (1), et il lui dit : Salut à vous, ô le plus brave des hommes; le Seigneur est avec vous, *et ait : Dominus tecum virorum fortissime,* — mais, Seigneur, si vous êtes avec nous, pourquoi donc tant de maux ? Pourquoi l'iniquité triomphe-t-elle ? *Dixitque ei Gedeon, obsecro, mi Domine, si Dominus nobiscum est, cur apprehende- runt nos hæc omnia ?* et le Seigneur lui répondit : Allez avec votre générosité et votre courage, sachez que c'est moi qui vous envoie. *Vade in hac fortitudine tua, scito quod miserim te.* Gédéon ne fait plus d'objections ; le Seigneur le revêtit, ou, comme dit le texte, l'enveloppa de son esprit, *induit.* Il se lève ; il sonne de la trompette, il appelle près de lui des hommes de cœur et de bonne volonté, et il se dévoue pour la défense d'Israël. « *Spiritus Domini induit Gedeon, qui clangens buccina convocavit domum Abiezer ut sequeretur se... misitque nuncios in Azer.... qui occurrerunt ei.* »

Voilà encore la voix de Dieu, et vous savez, N. T. C. F., comment le Général La Moricière y répondit.

Un prêtre zélé, comme autrefois l'ange du Seigneur, vint se présenter à lui et lui apporta le message de Pie IX. C'était en 1860, le Général était alors à Prouzel, souffrant de la goutte et des rhumatismes gagnés en Algérie, couché dans ce même lit où cinq ans et demi plus tard la mort devait venir le frapper. Après quelques moments de réflexions, La Moricière accepte la proposition : une communication est faite à Madame, et la résolution de partir irrévocablement arrêtée. Comme toujours, la question personnelle fut entièrement écartée. Le généreux guerrier ne considéra que l'appel d'en haut, une grande œuvre à faire, montrer aux gouvernements, qui souffraient en silence

____

(1) Judic. vi.

que le Père commun fût opprimé par la violence, qu'il y avait
encore des hommes de cœur qui se lèveraient pour sa défense.

Vingt-quatre heures après, le Général faisait part à un ami
intime de sa résolution. Celui-ci effrayé lui représenta tous les
périls de l'entreprise. « Je sais tout cela, lui répondit-il, mais
» quand le chef de l'Eglise appelle un de ses enfants pour le
» défendre, il n'est pas possible d'hésiter un instant. J'irai donc
» à Rome, je défendrai le Pape, puisque personne ne veut le
» défendre. J'y mourrai, s'il le faut. » Quelques semaines après
il partait par la Belgique et l'Allemagne, seul avec Mgr de
Mérode : il arrivait à Trieste et Ancône, déjouant la surveil-
lance ennemie, et il déposait aux pieds du Saint-Père son épée,
sa vaillance et sa foi.

Aussitôt il se mit à l'œuvre, *et clangens buccina convocavit...
qui occurrerunt ei..* A son appel, des volontaires fidèles
vinrent se ranger autour du trône pontifical. Il les enflamma
de son ardeur, il leur donna ce costume qui lui rappelait sa
vieille gloire, et il put assurer le Père bien-aimé que ces enfants bénis par lui sauraient comprimer à l'intérieur les machi-
nations des méchants et le défendre contre leurs complots.

Vous savez s'ils furent fidèles jusqu'à la mort; mais,. vous
savez aussi les intrigues, les mensonges, l'envahissement, en
pleine paix, à main armée, avec des forces vingt fois supérieures, des Etats pontificaux, le guet-à-pens de Castelfidardo, il
faut bien l'appeler ainsi, puisque c'est le nom qu'on lui donne ;
le bombardement d'Ancône, douze heures encore après la ca-
pitulation ; ne Nous demandez pas d'autres détails, il n'est plus
pour vous en donner, celui qui, après le désastre, accourait à
Ancône pour la défendre jusqu'à la dernière heure ; mais, a
son défaut, vous pourriez interroger cet autre chevalier sans
peur et sans reproches, que Nous voyons là dans vos rangs,
qui, malgré le poids des années, voulut partager les sollicitudes
de son général ; c'est à sa véracité si connue comme à sa foi si
ardente à raconter les exploits de cette glorieuse défaite. L'histoire n'aura pas assez d'anathêmes pour flétrir de telles trahisons,
de telles lâchetés. Vous les connaissez, mais ce que vous ne
connaissez peut-être pas et ce que Nous tenons d'un confident
fidèle, c'est que le Général de La Moricière n'avait été nullement
découragé, ni abattu par ses revers, et que malgré les circons-
tances actuelles, ou plutôt peut-être pour cela même, il était
toujours prêt à retourner, au premier signal du Saint-Père, et
à reprendre la mission qui lui avait été confiée.

Dieu s'est contenté de sa bonne volonté. Il se reposait de
ses fatigues, dans cette terre du Chillon, où il avait passé sa
jeunesse et qu'il aimait de prédilection. Le 26 juillet, au jour
de sainte Anne, à laquelle, comme un fidèle breton, il était par-

ticulièrement dévot, il vint faire la sainte communion pour la
dernière fois, ici, à cette place, dans cette église du Loroux :
il pria longtemps et avec une piété plus vive que jamais, puis
il rentra au Chillon pour faire ses adieux à son épouse bien-
aimée et à ses enfants qu'il ne devait plus revoir. Madame partait pour les Pyrénées, le Général pour sa terre de Prouzel, et
le 10 septembre, après avoir suivi les exercices de la fête de
l'Adoration, assisté au salut, conversé pendant la soirée avec le
digne curé, il se retira sur les dix heures, se fit apporter l'histoire ecclésiastique de l'abbé Darras, ses livres de prières et
renvoya son valet de chambre. Mais, à deux heures, il sonne
vivement, on accourt, il poussait des gémissements douloureux ;
on veut lui donner des secours : courez chercher M. le curé !
courez vite ! Le valet de chambre s'empresse d'obéir ; il revient.
Je me meurs, lui dit le Général qui marchait dans sa chambre,
les mains croisées sur sa poitrine, en serrant fortement son
crucifix sur son cœur. Le bon curé lui donne les derniers secours de son ministère, il aide son fidèle serviteur à le placer
dans un fauteuil, et là, M. de La Moricière expire entre leurs bras.

Vous connaissiez ces détails, mais on ne saurait trop les
répéter pour la gloire de Dieu qui triomphe dans ses élus, pour
l'édification des fidèles, qui, dans ces grandes vies, doivent
trouver des modèles et des instructions. Oui, N. T. C. F., ces
enseignements ne doivent pas être stériles. Venez dans cette
chambre, voir le héros luttant avec la mort sur ce dernier champ
de bataille. Considérez sa foi qui a vaincu le monde ; après cette
victoire, son énergie sur lui-même, sur le respect humain, sur
la fausse gloire, sur les épreuves douloureuses de ses dernières
années. Venez, voyez et prenez de généreuses résolutions.

Ainsi s'est terminée cette noble existence, cette vie consacrée
par le dévouement, toujours fidèle à l'honneur et à la vaillance,
fidèle surtout aux serments sacrés faits aux pieds du vieillard
vénérable, du Pontife-Roi qu'il avait juré de défendre. Bon et
Très-Saint-Père, cette mort est venue ajouter à toutes vos douleurs de nouvelles angoisses, vous l'avez pleuré comme on
pleure un fils, un ami, un défenseur. Nous nous associons à vos
regrets, et, près de cette tombe, nous nous écrions comme à la
mort d'un autre héros : Comment est mort cet homme puissant
qui sauvait le peuple d'Israël ! *Quomodò cecidit potens qui sal-
vum faciebat populum Israel !*

Mais, ô Père bien-aimé, oui, nous le promettons ici, en présence de ces Pontifes vénérés qui partagent nos sentiments,
de ce clergé si dévoué, de tout le peuple pressé dans ce tem-

---

(1) I Mac. IX, 21.

ple ; devant ces autels, nous étendons la main, comme le guerrier, son compagnon d'armes, en présence de ses restes inanimés, au jour de ses obsèques. Oui, nous jurons d'être toujours les enfants dociles de l'Église catholique, apostolique et romaine, de son Pontife auguste, pour lequel, comme notre illustre défunt, nous sacrifierions nos vies. La Moricière ! ! croyez-le bien, ce serment, c'est à la vie et à la mort. Voilà nos témoins ; cet autel, voilà notre garant ; saints anges qui l'entourez, inscrivez-le dans le livre de vie. — Ainsi soit-il.

VISITE DE NN. SS. LES ÉVÊQUES

AU

PETIT-SÉMINAIRE MONGAZON.

Mardi 7 novembre, NN. SS. les Evêques qui devaient honorer de leur présence la cinquantaine de Mgr Angebault, sont allés, avec Monseigneur, faire une visite au petit-séminaire Mongazon. Ç'a été l'occasion d'une belle fête pour les professeurs et les élèves. Bien que la nouvelle de cette visite n'eût été connue à Mongazon que fort peu de temps avant l'arrivée de Leurs Grandeurs, la maison s'était rapidement transformée ; des draperies, des guirlandes de verdure et des inscriptions décoraient les murs. Dès que les évêques eurent été introduits dans la grande salle, où se trouvaient déjà réunis tous les élèves avec leurs professeurs, M. Subileau, supérieur de la maison, leur adressa le discours suivant :

MESSEIGNEURS,

Jamais cette maison n'avait reçu, jamais peut-être elle ne recevra une visite aussi imposante, aussi glorieuse. Notre reconnaissance est au comble. J'en dirais autant de notre joie, si elle n'était mêlée d'un juste sentiment de confusion. Un tel honneur oblige : pour une partie si considérable, à tous égards, de cet épiscopat français qui est à la fois la gloire du Pays et de l'Eglise entière, il eût fallu une réception brillante et nous ne pouvons vous offrir, Messeigneurs, que l'hommage de notre bonne volonté. Heureux du moins que des prêtres vénérables et des hommes distingués qui nous honorent de leurs sympathies se soient réunis à nous et rachètent notre propre insuffisance !

Une autre pensée encore nous inspire confiance. En entrant ici, un cher souvenir a dû s'éveiller en vous. Le Petit Séminaire d'Angers vous aura rappelé les vôtres, Messeigneurs. Ce souvenir nous protège : en nous rapprochant dans votre pensée de ces familles bien-aimées, il nous assure une part dans votre indulgence paternelle.

C'est sous la bienveillante inspiration de ce sentiment que vous apprécierez ces décorations multipliées, et aussi les compositions littéraires de nos chers élèves. Ils ont voulu vous louer : tâche séduisante sans doute, mais trop au-dessus de leurs forces. Puissent ces humbles essais, où ils ont mis tout leur cœur, ne pas paraître tout à fait indignes de se produire devant des Evêques qui savent trouver de si nobles accents pour toutes les nobles causes, — qui sont maîtres dans l'art de bien dire comme dans l'art de bien faire, — et qui, là encore, exercent leur apostolat en prouvant que la religion est la vérité, puisqu'elle est la source de toute beauté ! Démonstration éclatante, il y a quelques semaines (1), — hier encore (2), — devant les cendres d'un véritable héros, et qui demain (3) se répétera sous les voûtes charmées de notre vieille cathédrale, dans l'éloge d'un véritable Evêque.

J'ai hâte de le dire, pour échapper aux apparences mêmes de l'égoïsme : l'honneur que vous nous faites, à nous personnellement, n'est point le principal motif de notre gratitude. Aujourd'hui, au milieu même de nos joies, nous pensons à demain.

Demain, autour d'un vieillard dont le front blanchi reflète les calmes et suaves beautés d'une longue sainteté, — d'un pontife qui honore aux yeux des peuples, depuis un demi-siècle, le sacerdoce de Jésus-Christ, — d'un collègue qui porte si vaillamment, il y aura bientôt un quart de siècle, le poids d'un laborieux épiscopat, vous formerez la plus belle des couronnes — une couronne de douze Evêques. — Les plus délicieuses émotions de son cœur, en cette belle fête, lui viendront de votre présence, de vos ferventes prières, de vos fraternelles sympathies. Or, ce vieillard, ce pontife, ce collègue est pour nous un père ; et un enfant ne connaît pas de jouissance meilleure et plus délicate que de voir un père bien-aimé dignement honoré, pleinement heureux !

Ici, Messeigneurs, dois-je, obéissant à l'impulsion de mon cœur, franchir l'enceinte de cette maison et parler au nom d'une famille bien autrement nombreuse ? — Je suis sans titres pour le faire ; — mais l'occasion favorable semble m'y inviter, et peut-être qu'une affection qui m'a comblé et qui est l'honneur de ma vie me sera une suffisante excuse.

Qu'il me soit donc permis, Messeigneurs, de vous remercier non-seulement pour les maîtres et les élèves de cette maison, mais encore pour tout ce vaste et religieux diocèse. Ah ! il sait combien est grande la dette qu'il a contractée envers un Evêque que Dieu lui a choisi dans sa bonté. Tant d'œuvres florissantes et dont l'énumération seule serait trop longue la proclament à l'envi.

---

(1) Oraison funèbre du général de La Moricière, par Mgr Dupanloup.
(2) Oraison funèbre du général de La Moricière, par Mgr l'évêque d'Angers.
(3) Discours de Mgr l'évêque de Poitiers.

Vous lui venez en aide pour acquitter sa dette sacrée ; vous joignez vos prières aux siennes pour que le ciel continue d'accorder à son pontife bien-aimé, comme autrefois à David, *la longueur des jours.* Il inscrira vos noms dans son souvenir reconnaissant, à côté du nom qui lui rappelle la sainteté, la sagesse et une ardeur de dévouement qui défie les glaces de l'âge !

Monseigneur, votre famille de Mongazon pourrait-elle ne pas se féliciter encore à un autre point de vue ? C'est donc elle qui a la joie de vous offrir, à la veille de cette belle fête, les prémices des vœux qui se préparent. Ah! vous nous connaissez et vous croirez sans peine qu'il n'y en aura point de plus sincères. Notre devise, aujourd'hui comme toujours, se trouve dans ces deux vers auxquels vous avez daigné sourire, parce qu'ils vous ont paru, ainsi qu'à nous-mêmes, l'expression d'une double vérité :

« *Nec pars ulla gregis quæ tibi carior,*
» *Nec quæ te redamet magis* (1) *! »*

Messeigneurs, rien ne manquera à notre bonheur lorsque nous aurons recueilli de vos lèvres vénérées, où repose la grâce des saintes et fécondes paroles, quelques-uns de ces avis qui demeurent comme une lumière et une force ; enfin, lorsque, dans notre chère chapelle, vos mains étendues auront répandu sur nous ces bénédictions paternelles qui affermissent la demeure des enfants :

Benedictio patris firmat domos filiorum (2).

Après ce discours, un élève de philosophie lut l'Ode latine suivante :

Exoptata diu festa dies nitet ;
Flores, ô socii, spargite ; — plausibus
Latè cuncta sonent ; vocibus æmulis
    Tantos dicite Præsules !

Dùm tot Pontifices hanc subeunt domum
Præsentique velut numine consecrant,
Quanquàm ignota, humilis, surgit et eminet :
    Regum despicit et domos.

Cui vix prisca Fides et Pietas soror
Invenêre parem, nunc tumulo exilit
Et procedit ovans, excipiens sacros
    Urbanus Pater hospites.

---

(1) « Nulle partie de votre troupeau qui vous soit plus chère ; nulle qui, en retour, vous aime davantage. »
(2) Eccli. iii, 11.

Nobis quantus adest quàmque sacer chorus !
Fulgent ante oculos quos posuit Deus
Pastores populis, et dedit Angelos :
    Christos cernimus alteros !

His Mosis radius fronte super micat ;
Inter nos homines stant medii et Deum :
Cœlis vota ferunt, donaque largiùs
    Hinc plenâ referunt manu.

Doctrina ex labiis effluit aureis,
Virtutemque suis moribus edocent ;
Hi firmant timidos, hi dubios regunt,
    Et cunctis iter explicant.

Horum docta manus semina gratiæ
Nunc irrorat aquis, nunc radiis fovet,
Lethale aut lolium vellit, et undique
    Christi læta viget seges.

Magno quandò furens impietas **Pio**
Minatur, properant ; fortia pectora
Opponunt jaculis, et velut aggere
    Stipant impavidum senem !

Quandò dux, aciè cedere nescius,
Lauros, seque **Pio** devovet et **Deo**,
Hi tantum meritâ laude canunt virum,
    Ipsis cladibus inclytum.

Qui postquàm cecidit, flebilis omnibus,
Diversi coeunt ; splendida splendidis
Verbis facta sonant : frigidus hinc cinis
    Heroas dabit alteros !

Et quùm dena, Pater, lustra Tibi nitent
Ex quo ritè manus sacra litant tuæ,
Fratres fama vocat ; nec mora, convolant :
    Fratrem visere gestiunt !

Lætos ad juvenes sancta cohors gradum, —
Insperatus honos, — tendere non negat :
Hinc fervebit opus ; qui renovat vicem
    Annus fructibus affluet !

Seu Vos illa tenet proxima civitas
Martinum numerat quæ sibi Præsulem,
Seu Vos hæc genuit magna parens virûm
    Tellus, fida Britannia ;

Seu felix regio nutriit Andium,
Pastoresque aliis Vos gregibus dedit :
Præclaram sobolem, quam sibi propriam
    Ostentat genitrix ovans ;

Seu Vos occiduis Gallia partibus,
Seu Vos oppositis miserit è plagis :
Urbs quæcumque Patres Vos habet, et velut
    Cœli suspicit Angelos ;

Bis grates agimus : quòd meritis caput
Certatis niveum tollere honoribus,
Et quòd — grande decus — sint minimi licet,
    In natis colitis Patrem !

Verùm quanta Tibi reddere nos decet,
Qui sic, alme Pater, muneribus foves ?
Nàm si magna Tibi gaudia rideant,
    Et nos participes vocas ;

Nunc plausus geminant ; cràs prece filii
Vim cœlo facient : ut tibi prosperam
Annorum seriem proroget, et diù
    Tanto Patre frui annuat !

Un élève de rhétorique lut la pièce de vers suivante :

    Mon Dieu, recevez la prière
Qui de nos cœurs émus s'élève en ce beau jour !
Bénissez le vieillard, le pontife et le père,
Et gardez-le longtemps encore à notre amour !

Que le vieillard est beau, lorsque sa vie entière
Ne fut qu'un long combat noblement combattu !
Son front calme, baigné d'une douce lumière,
Semble un trône où repose et sourit la vertu ;
Le temps, loin de ternir la beauté qui rayonne,
D'un cœur vaillant et pur en rehausse l'éclat,
Et fait au saint vieillard une blanche couronne,
Comme pour honorer un glorieux combat !
Non, ce n'est point l'hiver, l'hiver sombre et stérile,
C'est la saison clémente où le champ donne encor
Les plus aimables fruits : c'est l'automne tranquille,
Souriant et si doux sous son beau voile d'or,
Lorsque riche, féconde et pourtant reposée,
Belle de ses fruits mûrs ! de ses champs moissonnés !
Par un soleil ami la terre caressée
Semble heureuse des biens qu'elle nous a donnés.

Pure vapeur d'encens, lampe du sanctuaire,
Dont les chastes lueurs n'ont brillé que pour Dieu,

Le prêtre, dont les jours voués à la prière
Longuement ont coulé dans la paix du saint lieu,
Porte dans ses regards, sa marche, sa parole,
Le calme heureux du temple et ses accents divins :
Prêtre et vieillard ! l'immortelle auréole
L'éclaire d'un reflet de ses rayons prochains !

Comme le temple auguste où s'écoula sa vie,
        Son seul aspect émeut le cœur,
L'élève vers le ciel, doucement le convie
        Et l'aide à devenir meilleur ;
Mais le temple n'a rien d'aussi beau que son âme,
        Moins purs les parfums du saint lieu,
Moins doux les chants sacrés, et moins vive la flamme
        Qui se consume et luit pour Dieu.
Sa robe virginale à peine fut touchée
        De la poussière du chemin ;
Et sa vie au ciel seul tout entière attachée
        N'a respiré qu'un air divin.
Tous les jours dans son cœur, coupe sainte, embaumée,
        Le sang d'un Dieu fut répandu !
Tous les jours en son âme, aux vains plaisirs fermée,
        Le ciel en fête est descendu !
Sa tête a conservé le pli de la prière,
        Son doux et pieux mouvement !....
Pontife, il a gardé le sourire d'un père,
        La majesté d'un roi clément !

C'est lui... je voulais peindre une belle vieillesse,
Tout ce que cinquante ans de vertus, de bienfaits
Peuvent donner au front de grâce et de noblesse,
Et ma main d'elle-même a copié ses traits.

C'est lui.... je le voyais.... son image bénie
Rayonnait en mon âme et charmait mes pinceaux !
Hélas ! je l'ai montrée imparfaite, ternie,
L'image dans mon cœur avait des traits si beaux !!

        Mon Dieu, recevez la prière
Qui de nos cœurs émus s'élève en ce beau jour,
Bénissez le vieillard, le pontife et le père,
Et gardez-le longtemps encore à notre amour !

Tes autels, ô Seigneur, ont enflammé son zèle,
« Il aime la beauté de la maison de Dieu, »
Et comme on voit grandir et s'élancer le feu

Dès que la rapide étincelle
Jaillit sur les chaumes séchés,
Ainsi du zèle ardent qui dévore son âme
L'impétueuse et douce flamme
Embrase sans effort les cœurs qu'elle a touchés ;
Et du sol angevin, terre noble et chrétienne,
Les temples sont sortis, à son puissant appel,
Jaloux de s'approcher toujours plus près du ciel
Que semble nous montrer la flèche aérienne.
Jésus habite en roi le plus pauvre hameau,
Et la foi consolée a vu le sanctuaire
En ruines, flétri, secouer sa poussière,
Sortir de ses débris, s'élever digne et beau.

Sur les autels nouveaux, dans les temples splendides
Hélas ! Jésus se plaint d'être encore insulté.
De ses rares amis, rarement visité,
Par des enfants ingrats, insolents, parricides,
Sa gloire est outragée et ses dons méconnus,
Raillés, trahis, sans cesse, et chaque heure avec elle
Porte à son cœur sacré quelque injure nouvelle,
Défi jeté sans trève à l'honneur de Jésus.

Toute heure le blasphème ! Et bien ! toutes les heures
Le béniront : jamais ne se tairont les chants,
Toujours s'élèveront les doux parfums d'encens !
Celui qui fit à Dieu de royales demeures,
Lui forme une brillante cour,
Une garde d'honneur qui se relève et veille.
Il veut que pour l'amour qui jamais ne sommeille,
Jamais ne s'endorme l'amour !

Mon Dieu, recevez la prière
Qui de nos cœurs émus s'élève en ce beau jour,
Bénissez le vieillard, le pontife et le père,
Et gardez-le longtemps encore à notre amour !

Oublierai-je pour nous son zèle, sa tendresse,
Le cœur dont il chérit ses fils de Mongazon ;
Tant de bienfaits de choix dont sa bonté sans cesse
Aime à te prévenir, chère et sainte maison !!!
Mon génie impuissant veut et ne saurait dire
Tous les dons que sur nous sa bienveillante main,
Comme l'urne penchée a répandus sans fin,
Et la grâce touchante et l'aimable sourire
Qui les rend plus doux à goûter ;
Tant de saintes leçons par l'amour inspirées,

Et les soins accablants, les peines ignorées,
    Et que Dieu seul a pu compter.
Mais il est un bienfait que je ne saurais taire ;
Si ma voix l'oubliait, les cœurs reconnaissants
Tous le crieraient pour elle. — « A mes petits enfants,
Se disait-il un jour, où choisirai-je un père ? » —
Il le prit dans son cœur : — c'était son fils chéri.
Un tel don semblait dire : « En ce prêtre que j'aime
Autant que je le puis je me donne moi-même,
Et ma main de plus près vous guidera par lui. »

Nous avons devant nous de longues destinées,
Et notre vie à peine a commencé son cours :
Prenez, mon Dieu, prenez dans nos jeunes années
    Pour ajouter à ses vieux jours !!

            Loin de nous, quel doux rivage
                Appelle ses pas ?
            Il vole, le poids de l'âge
                Ne l'arrête pas !
            Il a fait à sa famille
                De touchants adieux,
            Et pourtant son regard brille
                D'un éclair joyeux :
            C'est l'éclair riant, la flamme
                Que met dans les yeux
            L'amour qui jaillit de l'âme
                En reflets heureux.
            Il va consoler le Père,
                Il porte aujourd'hui
            Nos dons : sa voix la première
                S'éleva pour lui !

Le vicaire du Christ, le vieillard magnanime
        Pour nous après Dieu le premier,
D'attentats inouïs venait d'être victime :
        Sans épée et sans bouclier
L'amour seul et la foi gardaient son héritage ;
        Pour conquérir les biens de Dieu
Il suffisait d'avoir ce genre de courage
        Qui brave et pille le saint lieu.
Lui dont la voix maîtresse et partout entendue
        A tout homme dit : Mon enfant,
Il est pauvre..., sa main à l'aumône est tendue...
        O père ! O divin mendiant !
Vous n'avez rien perdu de l'auguste auréole ;
        Vos enfants n'ont point oublié

Que le Dieu dont la croix vous guide et vous console,
  Avant vous avait mendié !
L'étable, l'humble crèche et la paille flétrie
  Sont offerts à sa pauvreté ;
Il doit le verre d'eau du puits de Samarie
  Et son sépulcre est emprunté !
Sainte Eglise d'Angers, noble terre, foulée
  Par les fils des martyrs, l'honneur
Par Dieu te fut donné d'être encore appelée
  La première à montrer ton cœur.
Celui dont la grande âme hier nous fut ravie,
  Le grand soldat ! le grand chrétien !
Il est à toi surtout : de cette belle vie
  La plus belle part t'appartient.
L'histoire humiliera cette gloire usurpée ?...
  Non, non, tant qu'un noble drapeau
Pourra se réfléter sur une noble épée
  Et tant que l'honneur sera beau !
Quand il fallut céder, laisser tomber les armes !
  L'un de tes fils fut le dernier (1),
Pour secourir le père et consoler ses larmes
  Ton pasteur parla le premier !
Il parla le premier : à sa douce parole
  Les riches ont prodigué l'or,
Et sa main plus émue a glané l'humble obole
  De ceux qui n'ont point de trésor.

  Père, rien ne vous arrête :
    Sur l'aile des vents
  Allez payer notre dette,
    Porter nos présents.

  Les vaisseaux rapides glissent
    Sur les flots unis,
  Les montagnes s'aplanissent
    Sous vos pieds bénis.

  Père, rien ne vous arrête :
    Sur l'aile des vents
  Allez payer notre dette
    Porter nos présents.

  Les coursiers que rien ne lasse
    Et nourris de feu

______

(1) M. le comte de Quatrebarbes.

Semblent traverser l'espace
   Emportés par Dieu :

Oui, c'est lui qui les entraîne
   — Il a tout prévu —
La flèche part incertaine,
   Il l'attend au but.

C'est pour Dieu que le char vole,
   Pour lui, pour les saints ;
Il a dit, de sa parole
   Nous sommes certains.

· S'il vous découvrit à l'homme,
   Merveilleux secrets,
C'est qu'il a voulu que Rome
   De nous fut plus près.

Père, rien ne vous arrête,
   Sur l'aile des vents
Allez payer notre dette,
   Porter nos présents.

Mon Dieu, recevez les prières
Qui de nos cœurs émus montent en ce beau jour,
Bénissez les vieillards, nos pasteurs et nos pères,
Et gardez-les longtemps encore à notre amour !

Oui, gardez les pasteurs : Mon Dieu, l'Eglise tremble :
   Contre ses vertus conjurés
Les rusés et les forts se sont ligués ensemble ;
   Ils sapent ses remparts sacrés.
Le lion veut sa proie, et le serpent dans l'ombre
   A préparé ses noirs poisons,
Ils nous comptent, Seigneur, et notre petit nombre
   Excite leurs dérisions.
Nous le savons, leurs dents se briseront sur elle,
   L'Eglise est forte comme vous,
De vos éclairs divins une seule étincelle
   Ecrasera ces nains jaloux.
Mais avant ce grand jour, que d'affreuses alarmes
   L'Eglise devra traverser ;
Mais avant ce grand jour, que de brûlantes larmes
   Cette mère devra verser.

Si tu dois prolonger une cruelle épreuve,
   Laisse à l'Eglise en ses douleurs

Les enfants, dont l'amour a combattu pour elle
    Et dignes d'essuyer ses pleurs !!
Tes fidèles, Seigneur, eux-mêmes sont timides ;
    Le moindre revers les abat,
Ne leur enlève pas les pasteurs intrépides
    Avant la fin du grand combat.
Les premiers à la peine, ils seront à la gloire !
    Ils verront la lutte finir,
Leurs fronts vaillants pourront saluer ta victoire
    Et leurs grandes voix la bénir !!

    Mon Dieu, recevez les prières
Qui de nos cœurs émus montent en ce beau jour,
Bénissez les vieillards, nos pasteurs et nos pères,
Et gardez-les longtemps encore à notre amour !

Un second élève de rhétorique lut le sonnet suivant :

SONNET

SUR LE GÉNÉRAL DE LA MORICIÈRE.

Parmi d'humbles tombeaux sur le marbre tracé
Son grand nom à jamais est gardé par la gloire !
En bouillante valeur nul ne l'a surpassé :
Le Kabyle indompté frémit à sa mémoire ;
Par l'émeute sanglante à demi-terrassé
Paris se releva sauvé par sa victoire :
Son éloquence, éclair que le glaive a lancé,
Jette un éclat de plus sur sa brillante histoire !

Le creuset du malheur fit un saint du héros.
Dieu le veut, il s'élance à des combats nouveaux,
Et vaincu pour l'Église il parait plus sublime !
Soldat, il eut toujours l'honneur pour bouclier ;
Chrétien, lorsque la mort vint frapper sa victime,
Elle trouva la Croix sur le cœur du guerrier !

Les pièces qui précèdent furent vivement goûtées de l'auditoire et honorées par Nosseigneurs les Evêques des éloges les plus flatteurs.

LE
CINQUANTIÈME ANNIVERSAIRE

DE

L'ORDINATION SACERDOTALE

DE

Mgr L'ÉVÊQUE D'ANGERS.

Le diocèse d'Angers célébrait, le 8 novembre, la cinquantaine de son vénérable Evêque, Mgr Angebault. Cinquante ans de prêtrise, c'est-à-dire cinquante années de luttes et d'apostolat, de travaux incessants, d'abnégation inépuisable ! Quelle existence bien remplie, et comme il est consolant et doux lorsqu'arrive le soir, de jeter un regard sur les labeurs et les épreuves de la journée et de pouvoir se dire : J'ai rempli mon devoir, j'ai combattu sans trêve, j'ai enchaîné ma vie à l'immuable vérité, j'ai fait pour Dieu et pour les hommes tout ce que me permettaient mes forces, tout ce que me dictait ma conscience, tout ce que m'inspirait l'amour de ceux qui étaient confiés à ma garde, tout ce que me commandait ma foi !

Dans son admirable discours que nous allons reproduire, Mgr l'Evêque de Poitiers a dit qu'il ne voulait pas louer Mgr l'Evêque d'Angers, par la raison que l'Église n'adressait pas de louanges aux vivants et les réservait pour les morts. Mais la vérité ne s'appelle pas la louange, elle s'appelle la justice ; et l'affection, la reconnaissance, le tendre et filial respect qu'inspirent des cheveux blanchis dans la pratique de toutes les vertus et de tous les dévouements, ont, pour s'exprimer, des élans et un langage qui ne ressemblent guère aux froides et banales formules de l'étiquette, ni aux compliments que le monde échange tandis que sa pensée les dément presque toujours. On a bien abusé du mot « fête de famille, » et cependant nous n'en trouvons point d'autre qui puisse rendre plus exactement la physionomie de cette réunion charmante à tous égards, charmante de simplicité, de cordialité, de bonhomie, où l'on se sentait à l'aise, où l'on venait tour à tour serrer avec effusion les mains du bon et pieux Evêque, qui, souriant, heureux, justement fier de cette nombreuse famille de collaborateurs et d'amis qui l'entouraient, n'oubliait personne et répondait à chacun avec cet à-propos, cette affabilité, cette grâce parfaite qui ne l'abandonnent jamais.

On n'exigera pas de nous, sans doute, l'un de ces comptes rendus détaillés où le narrateur croit indispensable de n'omettre ni une bannière, ni un encensoir, ni un cierge; c'est qu'en vérité ce qui nous émeut, ce qui nous touche, dans une semblable fête, ce n'est ni l'éclat, ni la pompe extérieure de la cérémonie, mais plutôt son côté moral et le sens profond qui s'y attache. D'ailleurs la plume rend mal l'effet produit par le déploiement des magnificences du culte catholique.

Onze Evêques siégeaient devant l'autel la mître en tête et la crosse à la main, tandis que Mgr Angebault officiait pontificalement. Les onze Evêques étaient NN. SS. l'archevêque de Tours, et les Evêques de Laval, de Poitiers, d'Angoulême, de Chartres, de Carcassonne, de Quimper, d'Amiens, du Mans, de Limoges, de Luçon, puis le R. P. Fulgence, abbé de la trappe de Bellefontaine; le R. P. Eutrope, ancien abbé de la trappe de Gethsémani, et Mgr de Lespinay, protonotaire apostolique. Huit cents ecclésiastiques remplissaient le chœur et le transept. C'était un imposant spectacle, admirable pour qui ne serait qu'artiste, mais d'une beauté bien autre pour qui le contemple avec les yeux de la foi.

Nous ne commettrons pas l'injustice d'oublier le tribut offert par l'art musical à cette belle cérémonie. Un groupe nombreux d'exécutants, dont le talent et l'obligeance sont connus de tous, est venu, réuni aux élèves de la Psallette, faire entendre, sous l'habile direction de M. Manjeon, maître de chapelle, des accents remarquables que l'orgue du chœur accompagnait.

Après l'Evangile, Mgr l'Evêque de Poitiers est monté en chaire et a prononcé un discours qui est et restera un modèle de pensées fortes et gracieuses, de délicatesse et de sentiment, d'élévation et de familiarité charmante; on y rencontre, en un mot, le tact spirituel et fin de l'homme du

monde uni aux vues supérieures de la plus noble intelligence.
On verra avec quel art merveilleux Mgr l'Evêque de Poitiers,
ayant en face de lui l'Evêque dont il devait parler, a su grou-
per, comme fait le peintre des nuances dont il composera
son tableau, des textes de l'Ecriture et des citations des
Pères, si heureusement choisis, disposés et fondus dans son
discours, qu'il pouvait vraiment dire à Mgr Angebault :
Monseigneur, ne vous alarmez pas de ces louanges, car ce
n'est pas moi qui vous loue; je passe la parole à saint
Jérôme, à saint Hilaire, aux grands apôtres et aux grands
saints ; je ne suis que leur traducteur, leur interprète devant
cet auditoire, et ce sont eux qui viennent d'achever ce portrait
si ressemblant que chacun de vos diocésains s'écrie : comme
c'est bien là notre pieux et vénérable Evêque !

Voici le texte de cette homélie que l'assistance entière,
n'était le respect dû au saint lieu, aurait vingt fois inter-
rompue par ses applaudissements :

> *Plantati in domo Domini, in atriis domûs
> Domini florebunt. Adhuc multiplicabuntur
> in senectâ uberi.*
>
> Ceux qui sont plantés dans la maison du Sei-
> gneur, et qui fleurissent dans les parvis de la
> demeure divine, se multiplieront encore dans
> une vieillesse féconde.
>
> (Ps. cxi, 13 et 14).

Monseigneur,

La vue de cette immense assemblée me pénètre d'admiration, et elle me jette dans le trouble et dans l'embarras. Pourquoi cette affluence de chrétiens de tous les âges et de toutes
les conditions ? Pourquoi cet innombrable cortége de prêtres ?
Pourquoi cette riche couronne d'Evêques ? Quelle est la raison,
quelle est l'occasion d'un concours si extraordinaire ? Par
quelle considération tant de Vénérables Pontifes ont-ils été mûs
à s'éloigner de leurs peuples ? Faut-il chercher dans une autre
solennité l'explication de leur assistance si nombreuse à la
solennité de ce jour ?

Il est vrai, Chrétiens mes Frères, ces Princes de l'Eglise
sont venus se joindre à votre Premier Pasteur pour acquitter,
envers une mémoire à jamais illustre, la dette de la prière et
celle de la gratitude de la Chrétienté entière. C'était peu que la
dépouille du glorieux vaincu de Castelfidardo et d'Ancône eût
été pieusement escortée jusqu'à sa dernière demeure; ce n'était
pas même assez que les hommages les plus retentissants lui
eussent été rendus sous les voûtes de nos cathédrales ; un tri-

but restait à payer dans le lieu qui a été le principal témoin de
ses vertus privées, le principal théâtre des œuvres qui ont
opéré son salut ; et parce que la noble femme que le ciel a mise
à ses côtés, et qui a tant contribué à grandir sa vie, retenue par
sa douleur, n'avait pu s'associer aux autres cérémonies funèbres, l'Eglise, guidée par ce sens délicat qui ne lui fait
jamais défaut, a senti qu'elle devait porter là et de larges bénédictions et d'éclatantes sympathies. Que l'âme du héros repose
en paix ; que son cœur d'époux et de père, autrefois si prompt
à s'alarmer, se rassure. Dans la traversée qu'elles auront à
faire sur l'océan de ce monde, la mère et les filles n'auront plus
rien à redouter de l'agitation des flots et de la fureur des tempêtes, lorsque tant de mains consacrées se sont levées sur elles
pour les bénir.

Maintenant, Messeigneurs et Vénérables Frères, n'était-il pas
juste qu'après avoir honoré le vaillant capitaine qui a sacrifié
sa vie et sa gloire au service du Pontife Romain et de l'Eglise
universelle, vous fissiez ici une halte pour prendre part aux
joies domestiques de cette Eglise d'Angers ? Aujourd'hui encore
il s'agit d'un soldat, d'un vétéran de la sainte milice. Là aussi
notre cœur a une dette à solder. Toutefois, je devrai m'appli-
quer à ne point violer les proportions qu'il faut maintenir à une
fête si intime et si personnelle. Permettez donc que je me renferme strictement dans les limites de mon sujet, et que, dussé-je
en cela tromper l'attente publique, je me contente de demander
à l'Ecriture et à la tradition les éléments d'une simple et courte
homélie.

« Pourquoi, me dites-vous, toutes ces précautions de langage » : *Quorsùm, ais, ista ?* Je l'avoue, elles sont superflues ;
et je devais débuter en disant avec saint Jérôme que nous sommes
assemblés ici, Monseigneur, « pour louer et pour célébrer
comme il convient votre belle vieillesse et votre tête blanchie à
l'image de celle du Christ » : *Videlicet ut senectutem tuam, et
caput ad similitudinem Christi candidum, dignis vocibus præ-
dicemus* (1). Tel l'exilé de Pathmos a vu le Fils de l'homme,
tel il nous est donné de vous voir en ce moment, « assis au
» milieu des sept chandeliers d'or, vêtu de la toge du grand-
» prêtre, les reins ceints d'une ceinture d'or, la tête éclatante
» comme la neige, et les cheveux blancs comme une blanche
» laine, » *Caput autem et capilli candidi tanquam lana alba et
tanquam nix* (2). Et si l'on me demande pourquoi, à l'exclusion
de vos hôtes illustres et du Primat même de la province, c'est

____

(1) S. HIERON. Epist. X ad Paulum senem. *Apud* Migne Patrolog., t. XXII,
p. 343.
(2) Apocal., i, 13, 14.

vous qui présidez aujourd'hui à la fonction sacrée, et qui célébrez les saints mystères parmi toutes les pompes de la divine liturgie, je réponds qu'en cette date commémorative de votre ordination, étant vous-même le héros de la fête, et la fête se rapportant à votre sacerdoce, il n'appartenait qu'à vous d'en être le sacrificateur.

Il est écrit au livre du Lévitique : « Vous sanctifierez l'année » cinquantième, car elle est une année jubilaire » : *Sanctificabis annum quinquagesimum : ipse est enim jubilæus* (1). Or, si dans la durée du monde, chaque demi-siècle doit être marqué par quelque grande manifestation, n'est-il pas raisonnable que, dans la vie beaucoup plus restreinte des particuliers, la même période soit consacrée par un acte religieux ? De là, l'usage des époux chrétiens d'appeler sur eux les prières et les bénédictions de l'Eglise après cinquante ans d'union conjugale. De là, la pieuse pensée qui assemble toute une paroisse, l'élite de tout un diocèse autour du prêtre, autour du Pontife qui célèbre la cinquantième année de son sacerdoce : fête touchante où éclatent les actions de grâces, les vœux et les transports d'une sainte jubilation : *Sanctificabis annum quinquagesimum : ipse est enim jubilæus.*

Et d'abord, nos accents seront des accents de gratitude envers le suprême dispensateur de la vie. Quand on se met à réfléchir sur la durée de la vie humaine, on est amené à en prendre des impressions très-diverses. « Voici, ô mon Dieu, dit le Psal- » miste, que vous avez mis sous mes yeux le dénombrement de » mes jours » : *Ecce mensurabiles posuisti dies meos;* « et ma » substance est comme un néant devant vous » : *et substantia mea tanquam nihilum ante te* (2) ; « en vérité, tout être vivant » n'est qu'une grande vanité, l'homme passe comme une ombre, » comme une image, et c'est bien à tort qu'il se trouble, qu'il » s'agite » : *sed et frustra conturbatur* (3). O vous qui touchez au terme de votre course, regardez derrière vous : que reste-t-il de cette rapide succession de l'enfance, de la jeunesse, de l'âge mûr, et, enfin, de la vieillesse qui aboutit si vite à la caducité et à la mort ? Quand on divise et qu'on décompose ainsi l'existence en quatre parts, la subsistance de l'être humain apparaît, en effet, comme un néant : *Ecce mensurabiles posuisti dies meos, et substantia mea tanquam nihilum.* Cela est vrai. Mais si la vie humaine n'est qu'un point dans l'immensité, je demanderai aussi : qu'est-ce donc que le temps,

____

(1) Levitic., XXV, 10.
(2) Psalm, XXXVIII, 6.
(3) *Ibid.*, 6.

qu'est-ce que le monde, qu'est-ce que toute la suite des générations ? Après tout, soixante siècles ne se sont pas encore écoulés depuis la création de la terre et des cieux ; dix-huit siècles seulement sont révolus depuis l'établissement du christianisme. Or, en face de cette durée relativement très-courte de l'œuvre de Dieu et de l'œuvre du Christ, puis-je considérer la vie d'un homme comme si peu de chose ? « Seigneur, » dirai-je avec saint Ambroise, il est vrai, vous tenez ma vie » dans la paume de votre main, et, en m'appelant à l'être, » vous ne m'avez donné qu'une poignée de jours » : *Ecce palmares posuisti dies meos* (ainsi que porte une version ancienne). Mais cette main, c'est celle dans laquelle vous avez mesuré le ciel et pesé la masse de la terre. Si le monde créé n'est rien devant vous, à la bonne heure ; je me résigne à partager la condition de son néant. Mais si, dans ce monde du temps, vous avez déposé des semences et des germes d'éternité ; si ce globe, dont la substance par elle-même serait à vos yeux comme si elle n'était pas, est devenu la seconde patrie, que dis-je, si cette terre, dans une de ses portions d'élite, est devenue la chair, la nature terrestre de celui qui est la splendeur de votre gloire et la figure de votre substance, et qui porte toutes choses par le verbe de sa vertu (1) ; si l'humanité, pour fragile et misérable qu'elle soit, contient dans ses flancs le mystère d'une destinée divine et infinie ; si la race d'Adam a désormais son sort uni, sa fortune identifiée avec le sort et la fortune du Christ toujours présent, toujours vivant ici bas dans son Eglise ; oh ! alors, laissez-moi priser à sa valeur la part de vie qui m'est octroyée dans la succession des âges. Souffrez que je ne rapetisse pas, par une humilité qui manquerait de vérité, les dimensions de mon être. Non, « ils ne sont point » petits ; au contraire, ils sont grands, très-grands, les jours » que Dieu me mesure de la même main dont il a mesuré son » œuvre divine » : *Non ergo breves, sed magni dies intelligi possunt quos Deus mensus est palmo quo mensus est cœlum* (2).

C'est à ce point de vue, mes Frères, qu'il faut se placer pour apprécier ce que c'est qu'une carrière sacerdotale de cinquante ans. Pour moi, je me sens profondément ému toutes les fois que je vais consacrer une vie d'homme au service de l'Eglise, même par la collation des ordres moindres. Avez-vous été témoins d'une ordination ? De jeunes hommes, des adolescents encore aux prises avec les délicates épreuves de la puberté, sont aux genoux de l'Evêque, revêtus de la blanche tunique de

(1) Hebr., i, 3.
(2) S. Ambros., in Psalm. xxxviii, 21. Edit. Benedict., t. I, p. 851.

lin. L'Evêque leur présente le code des saintes lectures et il leur dit : « Prenez, et soyez les échos, les rapporteurs, les récitateurs de la parole divine » : *Accipite, et estote relatores verbi Dei ;* « et, si vous remplissez fidèlement et utilement votre ministère, vous aurez une part avec ceux qui ont bien administré le verbe de Dieu dès le commencement » : *habituri, si fideliter et utiliter impleveritis officium vestrum, partem cum iis qui verbum Dei bene administraverunt ab initio* (1). Vous l'entendez, mes Frères : le verbe de Dieu est demeuré comme un dépôt aux mains de la sainte Eglise, et il appartient à ses ministres de servir aux peuples ce verbe de vie. Quiconque, ne fût-ce qu'un jeune clerc, et par la simple lecture publique du texte sacré, aura fidèlement et utilement accompli cet office, entre par là de plain-pied dans la noble lignée de ceux qui ont bien géré les intérêts divins depuis le commencement. Or, s'il s'agit non plus d'un clerc inférieur, mais d'un prêtre, d'un Pontife du Seigneur, et si ce ministère sacerdotal a été rempli fidèlement et fructueusement pendant l'espace d'un demi-siècle, quelle place et quelle part appartiennent à cette vie d'homme dans la série des temps écoulés depuis le Christ ! Car enfin, je le répète, la Pentecôte n'est guère séparée de nous que par dix-huit siècles : un sacerdoce de cinquante ans, c'est donc, ni plus ni moins, un trente-sixième de la totalité des temps chrétiens.

Je viens de dire par là, Monseigneur , l'emplacement qu'occupe le cadre de votre vie dans la glorieuse galerie des figures de patriarches, de prophètes, d'apôtres, de pontifes, de prêtres qui ont bien administré le verbe de Dieu depuis l'origine : *partem cum iis qui verbum Dei bene administraverunt ab initio.* Je ne louerai pas votre personne ; vous me l'avez interdit , et mon cœur est d'accord avec les oracles sacrés pour me faire désirer de ne vous louer jamais , puisque l'Ecriture défend de louer un homme quelconque avant sa mort : *Ante mortem ne laudes hominem quempiam* (2). Il me suffit que, sur le territoire de Nantes comme sur celui d'Angers , vos œuvres fassent le panégyrique de votre vie à la porte de toutes les maisons que vous avez édifiées, de toutes les familles que vous avez consolées , de toutes les bourgades que vous avez évangélisées , de tous les monastères que vous avez dirigés, de tous les séminaires que vous avez bâtis, de toutes les églises que vous avez consacrées : *laudent eam in portis opera ejus* (3) ; cela me suffit, dis-je , pour que la participation de tout ce peuple , de tout ce

---

(1) Pontific. Roman. De ordinatione Lector.
(2) Eccli., xi. 30.
(3) Proverb., xxxi, 31.

clergé, et la participation de tant d'Evêques à cette fête jubilaire, soit amplement et surabondamment justifiée, et pour qu'aux actions de grâces commandées par le passé, nous joignions nos acclamations et nos vœux pour l'avenir.

Croyez-le bien, mes Frères, quand la sainte liturgie, par les prescriptions du Pontifical et de ses plus antiques Sacramentaires, ordonne de souhaiter de longues années aux Princes de l'Eglise, ce n'est pas simplement un acte de courtoisie ou de bienveillance personnelle qu'elle entend dicter : c'est un grand bien de la religion et un grand avantage du peuple chrétien qu'elle a en vue. L'Esprit-Saint nous dit que les longs règnes, à plus forte raison les longs pontificats, sont un des plus grands bienfaits de Dieu; tandis que le changement trop fréquent des princes et des pasteurs est une punition ou une épreuve infligée aux peuples (1). Et puis, l'Eglise a une sorte de culte pour la vieillesse, et elle aime à voir ses destinées et ses intérêts reposer entre les mains des vieillards. Laissons parler saint Jean Chrysostôme.

« Partout ailleurs, dit-il, la vieillesse est réputée inutile, et parfois elle l'est réellement; dans l'Eglise, au contraire, elle est d'une grande utilité » : *Senectus quidem in aliis conditionibus inutilis est, in Ecclesiâ autem utilissima.* Le soldat qui a vieilli ne peut plus bander l'arc, lancer le trait, brandir la lance, monter à cheval, donner l'assaut aux murailles; le marin fatigué par les ans ne peut plus tendre les cordages, déployer les voiles, manier la rame, diriger le gouvernail, lutter contre les flots; pareillement le laboureur, dans un âge avancé, ne peut plus mettre les bœufs sous le joug, conduire la charrue, ouvrir le sein de la terre, creuser les sillons, faire l'office de moissonneur. » Et si quelques autres professions moins serviles, plus libérales, sont compatibles avec la vieillesse, l'impatience des jeunes gens a fait décréter des limites d'âge, après lesquelles il ne reste plus que « le loisir du chez soi et le charme de la retraite » : *domi sedent otiosi, ætatis veniam nacti.* « Il n'en est point ainsi de l'homme d'Eglise » : *verum non sic Ecclesiæ doctor;* « mais c'est alors surtout que son travail est apprécié, que sa parole est profitable, que sa doctrine est goûtée, que sa direction morale est recherchée (2). » Après saint Chrysostôme, entendez saint Ambroise expliquant ce verset du Psalmiste : « J'ai été jeune, et me voilà vieux » : *Junior fui, etenim senui* (3). Assurément, chaque âge doit payer son tribut. Sans les ardeurs de la jeunesse,

---

(1) Proverb., xxviii, 2.
(2) S. Joann. Chrys. Homil. x, in illud : *Messis quidem multa.* Edit. Gaume, t. XXII, p. 535.
(3) Psalm. xxxvi, 25.

tout risquerait de se refroidir sur la terre. « La jeunesse est donc bonne, quand elle use bien de ses avantages ; mais la vieillesse est meilleure » : *Bona juventus, sed melior senectus.* « Jean attendit d'être vieillard pour écrire son évangile et ses épîtres. Lui qui ne voulait point s'intituler apôtre, il se qualifia volontiers l'ancien » : *Cum refugeret apostolum se scribere, seniorem scripsit ;* « et l'on n'a point taxé d'infériorité ce quatrième et tardif évangéliste, à qui la grâce de la vieillesse donnait une voix et des accents, comme la voix et les accents du cygne, » *nec minor est æstimatus, cui cygnæ quædam suppeteret gratia senectutis* (1).

Du reste, que parlé-je de vieillesse, comme si la pureté de la vie sacerdotale n'était pas souvent une source de jeunesse inépuisable ? Dites-moi mes Frères, est-ce seulement au vieillard Paul, bientôt centenaire, que s'adresse l'épître célèbre de saint Jérôme ? « Vos yeux sont bons et votre vue est nette » : *oculi puro lumine vigent ;* « votre marche est ferme et assurée » : *pedes imprimunt certa vestigia ;* « votre oreille n'est point devenue si paresseuse que vous ne suiviez fort bien le discours » : *auditus penetrabilis ;* « votre voix est sonore et mélodieuse » : *vox sonora* (une version dit *canora*) : « votre corps est solide et plein de sève » : *corpus solidum, et succi plenum ;* votre teint contraste avec votre chevelure » : *cani cum rubore discrepant ;* « vos forces donnent un démenti à votre âge » : *vires cum ætate dissentiunt ;* « les années n'ont point démoli votre mémoire » : *non memoriæ tenacitatem antiquior senecta dissolvit ;* « la vivacité de votre esprit toujours plein de chaleur n'a pas été émoussée par un sang refroidi » : *non calidi acumen ingenii frigidus sanguis obtundit ;* « votre visage n'est point contracté par les rides, ni assombri par un front chargé de plis » : *non contractam rugis faciem arata frons asperat ;* « enfin et surtout, votre écriture rapide et bien alignée ne révèle point une main qui tremble ni une plume qui dévie » : *non denique tremula manus per curvos ceræ tramites errantem stylum ducit.* « Dieu nous montre en vous la vigueur, la verdeur de la résurrection future, pour nous apprendre que si le péché est cause que d'autres, encore vivants, sont déjà morts dans leur chair, votre vertu vous vaut le privilége de paraître encore jeune dans un âge qui ne l'est plus (2). »

C'est ainsi, mes Frères, que nous voyons tous les jours se réaliser dans la tribu lévitique ce que l'Esprit-Saint a promis par la bouche du prophète royal. Et ici je reviens aux paroles de David qui m'ont servi de texte : « Ceux qui ont été plantés

---

(1) Ambros. in Psalm. xxxvi, 60, t. I, p. 804.
(2) S. Hieron. Epist. x, ad Paulum senem, loc. cit.

» dans la maison du Seigneur, fleuriront dans les parvis de la
» demeure divine. » Qu'est-ce, en effet, qu'une vie de prêtre,
sinon une floraison d'œuvres saintes dans ce jardin béni de
l'Eglise, qui est comme la cour d'honneur de l'Eden céleste?
Le Psalmiste continue : « Ils se multiplieront encore, » c'est-
à-dire ils redoubleront d'activité, dans le déclin des ans; et
leur vieillesse, loin de subir la loi ordinaire de la stérilité, sera
« une vieillesse féconde »; leur postérité spirituelle toujours
croissante, leurs fils et leurs arrière-fils formeront autour d'eux
une descendance comme celle des patriarches : *Adhuc multiplicabuntur in senectâ uberi.* A la vérité, ils n'échapperont pas aux
atteintes de la souffrance. Dans la loi nouvelle, plus encore
que dans la loi ancienne, il est rare de retrouver un autre Caleb.
« J'avais quarante ans, disait ce fidèle compagnon de Josué,
lorsque je fus envoyé faire connaissance avec cette terre. Qua-
rante-cinq ans se sont écoulés depuis que j'ai reçu ce mandat
du représentant de Dieu; j'ai donc aujourd'hui quatre-vingt-
cinq ans, et je me porte comme je me portais alors » : *sic
valens, ut valebam eo tempore;* « par la miséricorde de Dieu,
ma force de ce temps-là persévère en moi jusqu'à ce jour, tant
pour combattre que pour marcher » : *illius in me temporis
fortitudo perseverat, tam ad bellandum quam ad gradien-
dum* (1). De tels phénomènes se rencontrent peu, bien que j'en
trouve un exemple dans un monument qui appartient à la tradition commune de nos Eglises de Poitiers et d'Angers. L'un de
mes devanciers, saint Fortunat, a écrit dans la vie de votre
saint évêque Maurillius, que celui-ci, étant déjà nonagénaire,
n'avait encore jamais ressenti une douleur ni une incommodité
quelconque (2). Encore une fois, ce sont là les exceptions.
La règle générale est autre, et la règle générale est bonne.
Pour les ministres d'un Dieu crucifié, la souffrance est une
compagne désirable, une puissante auxiliaire; mais « ils la
porteront si bien » qu'elle n'entravera pas leur apostolat et
qu'ils continueront leur ministère « évangélique » : *adhuc
multiplicabuntur in senectâ uberi, et bene patientes erunt, ut
annuntient* (3).

Telle est, Monseigneur, et telle sera longtemps encore votre
histoire. Cela ne durera jamais autant que votre peuple le
souhaite, que votre clergé le désire, que vos frères dans
l'épiscopat le demandent. Si nos mœurs présentes le compor-
taient, à l'heure où je parle, il éclaterait, sur tous les points de
ce temple, des cris comme en entendit un jour la basilique

---

(1) Josue, xiv, 7, 10, 11.
(2) Oper. V. Fortunat. ap. Migne *Patrolog.*, t. LXXXVIII, p. 575.
(3) Psalm. xci, 13, 14.

d'Hippone (1). Le chœur des prêtres entonnerait : *Exaudi, Christe : Guillelmo vita :* « Exaucez-nous, ô Christ : à Guillaume la vie ! » Le collége des lévites s'écrierait d'une voix plus timide , mais non moins pénétrée d'affection : *Te patrem ! te episcopum !* « Vous toujours père, vous toujours évêque ! » Et les anciens du peuple, donnant leur assentiment, diraient : *Bene dignus, bene meritus,* « il en est digne, il a bien mérité » ; et toutes les voix se confondant ensemble, reprendraient à l'unisson : *Exaudi, Christe : Guillelmo vita !* N'est-il pas vrai, mes Frères, que je suis votre interprète ? Vos voix se taisent, et elles doivent se taire, mais vos âmes parlent, vos cœurs crient ; et cette immense assistance que l'enceinte des murailles a peine à contenir, n'est-elle pas elle-même un chœur, un cri, un hymne, un vœu, une acclamation. « Exaucez-nous, ô Christ : à Guillaume la vie » : *Exaudi, Christe : Guillelmo vita ! Te patrem, te episopum ! Bene dignus, bene meritus. Exaudi, Christe : Guillelmo vita !*

Et vous, Vénérable Pontife, n'allez pas nous alléguer la suite du psaume, et n'allez pas dire avec le vieux roi d'Israël : *Remitte mihi ut refrigerer priusquam abeam et amplius non ero :* « Donnez-moi un peu de relâche afin que je goûte » quelque rafraîchissement avant de m'en aller et de n'être » plus (2). » Il est vrai : après une carrière si laborieuse, il est permis d'être las. Mais n'est-ce pas un proverbe populaire, cent fois justifié par l'expérience, que « ce sont les las qui font la besogne » ? Et puis, vous connaissez la parole d'Isaïe : Il y a une providence du Dieu tout-puissant « qui donne la force à celui qui est las » : *qui dat lasso virtutem,* « et qui double » l'énergie et la vigueur a ceux qui n'en peuvent plus» : *et his qui non sunt, fortitudinem et robur multiplicat.* « On verra » la fleur de l'âge défaillir et succomber au travail; on verra les » jeunes gens fléchir sous le fardeau » : *Deficient pueri et laborabunt ; juvenes in infirmitate cadent ;* mais les vieux ouvriers, ceux qui ont blanchi sous le harnais de l'Eglise, trouveront des forces toujours nouvelles ; à défaut de jambes, « ils pren- » dront des ailes comme l'aigle, ils courront sans se fatiguer, et » marcheront et ne s'arrêteront plus » : *mutabunt fortitudinem, assument pennas sicut aquilæ, current et non laborabunt, ambulabunt et non deficient* (3).

Enfin, ô heureux Pontife, votre tâche vous sera rendue facile, votre fardeau vous sera rendu léger par l'amour de votre peuple,

---

(1) S. August. Epist. ccxiii, seu Acta ecclesiastica, etc. Edit. Gaume, t. II, p. 1195 et seq.

(2) Psalm. xxxviii, 14.

(3) Isa. xl, 29, 30, 31.

par sa docile soumission à votre autorité. Vous m'avez défendu
de vous louer ; vous ne me défendez pas de louer votre Eglise,
et de dire que, par sa foi, par sa piété, par sa générosité, par
l'esprit traditionnel qui anime les familles, soit les familles
patriciennes, soit les familles bourgeoises, soit les familles
populaires, par le nombre des vocations religieuses de l'un et de
l'autre sexe, par la multitude des temples et des asiles sacrés
qui s'élèvent de toutes parts, par le tribut d'hommes et d'argent
payé aux missions lointaines, par les dons offerts au Pontife
Romain, et aussi par les dévouements héroïques, par les sentiments chevaleresques, par les caractères élevés, par les intel-
ligences d'élite qui ont germé sur cette terre à toutes les
époques de l'histoire, cette Eglise d'Angers est l'une des
premières entre les plus illustres Eglises du monde. Or, c'est
ce peuple chrétien d'Anjou qui s'exprime par ma bouche et qui
vous dit :

Père, les temps sont difficiles, l'horizon est chargé de nuages,
les ennemis du dehors sont habiles et puissants, les dissenti-
ments et les difficultés du dedans ne sont guère moins nuisibles,
beaucoup d'esprits sont incertains et flottants, plus d'un système
faux et trompeur cherche à nous égarer. Père, vivez, vivez
longtemps. Jamais la disparition des Pontifes n'a été plus
redoutée des enfants de Dieu et des amis de l'Eglise ; jamais la
vie des vétérans de l'épiscopat n'a été entourée de plus de
sympathies et de vœux. A l'heure où le sophisme se glisse
partout, où les choses les moins acceptables se présentent sous
des masques spécieux, sous des raisonnements fallacieux ;
vous, homme de la tradition et du passé, faites-nous part de
votre philosophie apprise à l'école de la sainte Eglise : *Hæc
nobiscum philosophare, vir divine et sacrosancte ;* car, pendant
le long cours de votre carrière, vous avez acquis ce grand
usage des choses d'où naît la vraie sagesse : *quippe longo temporis
spatio, ingentem rerum usum ex quo sapientia nascitur, colle-
gisti* (1). Communiquez-nous ces trésors de votre vieille expérience : *His populum instrue.* Et, comme votre sainteté égale
vos lumières, interposez-vous par vos oraisons, par vos sacrifices, par toutes vos œuvres spirituelles, entre le ciel et nous :
Sta pro nobis, et placa. Apaisez, par votre intercession, le
courroux du Seigneur prêt à éclater, tenez éloignés de nous
les fléaux qui nous menacent : *Domini iracundiam interventu
tuo reprime, plagas deinceps sequentes compesce.* Quand un
père en cheveux blancs intercède pour ses fils, le Père qui

---

(1) S. Greg. Nazianz., Oratio xvi, in Patrem tacentem, 10. *Apud* Migne *Patrolog.*, t. XXXV, p. 962.

est aux cieux a coutume de se laisser attendrir : *Patris canitie pro filiis obsecrantis permoveri solet.* Si vous faites cela, vous nous rendrez Dieu propice et le ciel favorable ; et, après que les longues années de votre âge viril nous ont donné la pluie du matin, votre précieuse vieillesse nous donnera la pluie du soir : *Matutinam et serotinam pluviam reddes* (1) ; et Dieu, de son côté, nous donnant sa bénignité, notre terre, cette vieille et toujours fidèle terre d'Anjou, continuera de plus en plus de donner son fruit (2) : fruit de grâce et de mérite durant le temps de l'épreuve, fruit de gloire et de béatitude pendant les siècles des siècles. Amen.

A l'issue de la cérémonie, M⁹ʳ Angebault réunissait à sa table, dans la salle synodale, avec les Evêques que nous avons nommés, environ deux cents prêtres et laïques. Parmi ces derniers, nous désignerons seulement M. Montrieux, maire d'Angers, MM. Segris, Louvet, Bucher de Chauvigné et de Las-Cases, députés de Maine-et-Loire, et M. le général de Chanaleilles, commandant la subdivision militaire, le comte de Quatrebarbes et le comte de Falloux.

Au cours du repas, les enfants de la Psallette, accompagnés par l'harmonium, ont dit, sous la direction de l'organiste de la cathédrale, deux duos, dont l'un est de Bellini et auxquels des paroles célébrant la fête du jour avaient été habilement adaptées par un ecclésiastique dont le bon goût et le savoir ont déjà conquis leur renommée parmi nous. L'un des secrétaires de M⁹ʳ d'Angers, M. l'abbé Pessard, a lu d'une manière parfaite une charmante pièce de vers due à un jeune talent dont nous n'effaroucherons point la modestie par des révélations indiscrètes, mais on nous saura certainement gré de reproduire cette œuvre gracieuse :

(1) *Ibid.*, 963.
(2) Psalm. LXXXIV, 13.

A MONSEIGNEUR L'ÉVÊQUE D'ANGERS.

8 NOVEMBRE 1865.

Pourquoi ces chants dont l'écho vibre encore,
Ce flot léger d'encens qui s'évapore,
Ces longs soupirs de l'orgue harmonieux ?
Pourquoi ces fleurs, ces festons de verdure,
Partout semés, comme si la nature
Se ranimait dans un printemps joyeux ?
Pourquoi, tremblant dans son dôme de pierre,
L'airain sonore a-t-il de la prière
Jeté l'appel ? Pourquoi, dans le saint lieu,
Agenouillé sur les dalles antiques,
Un peuple entier a-t-il dit ces cantiques
De l'Hosannah qui s'élance vers Dieu ?
Pourquoi, tombant de la chaire sacrée,
A retenti cette voix inspirée,
Ces fiers accents dont notre âme a frémi,
Et qui, soudain, font reconnaître Hilaire,
Ressuscité du tombeau séculaire
Où, pour toujours, il semblait endormi ?
La joie éclate et sur les fronts rayonne.
Bénissons Dieu de ce jour qu'il nous donne,
C'est fête au ciel et c'est fête ici-bas :
Le Paradis vient s'unir à la terre,
L'un chante un saint, l'autre bénit un père !

O saint autel, ne te souviens-tu pas ?...
Les feux de l'aube, au seuil du sanctuaire,
Jetaient au loin ton ombre tutélaire,
Et devant toi, tremblant, silencieux,
Comme enivré d'une joie ineffable,

Courbant son front sous la main vénérable
Qui lui donnait l'empire sur les cieux,
Un jeune diacre a senti dans son âme,
Que l'Esprit-Saint embrasait de sa flamme,
Tomber du Christ le sceau mystérieux.
L'homme n'était plus seul en lui, le prêtre,
Sous l'onction, soudain venait de naître !
O Séraphins ! qu'ont dit vos chants joyeux ?

Cinquante fois, les rameaux de l'automne
Au vent du nord ont livré leur couronne
Depuis ce jour, et l'Elu du Seigneur,
Dans les transports d'une sainte allégresse,
Louant le Dieu qui charma sa jeunesse,
Et de son cœur ranimant la ferveur
Pour exalter son Epouse immortelle,
Avec l'Eglise aujourd'hui renouvelle,
Parmi l'encens, les fleurs et les concerts,
Ces doux serments et ces noces mystiques
Dont les témoins sont les chœurs angéliques,
A ce spectacle inclinés dans les airs !

O prêtre saint ! les hommes et les Anges
Autour de vous se pressent à la fois !
Parmi leurs voix, qui disent vos louanges,
Entendrez-vous monter ma faible voix ?
Mon humble accent, pareil à ce murmure
Que fait parfois le roseau balancé ?
Il est si peu, dans toute la nature,
Pour que, de loin, penchant sa tige obscure,
Soudain, tout bruit soit par lui surpassé !...
O doux Pontife ! aimable et tendre père !
Dans les labeurs d'un divin ministère,
Un demi-siècle a blanchi votre front.
La vigne en fleur, les champs évangéliques
Ont, tour à tour, de leurs fruits symboliques
Chargé vos mains : les Anges inscriront
A cette page où l'univers doit lire
Et Dieu compter, ces soins toujours nouveaux,
Ces vœux brûlants qu'un zèle ardent inspire,

Ces longs soucis, ces veilles, ces travaux !...
O bon Pasteur ! qui, dans la bergerie,
Daignez aimer jusqu'au petit agneau ;
Qui ressentez dans votre âme attendrie
Chaque douleur qui frappe le troupeau !
Quelle est au loin la bourgade isolée,
De vos bienfaits ne se souvenant pas ?
Quel champ désert, perdu dans la vallée,
Ne porte encor la trace de vos pas ?
Le voyageur, de colline en colline,
A l'horizon laissant fuir son regard,
Dans un lointain que le soir illumine,
Cherche à revoir le sentier du départ.
Ainsi jetant, de notre âme ravie
Le long regard vers un temps qui n'est plus,
Et, sans effort, du livre de la vie,
Tournant encor les feuillets déjà lus,
Nous évoquons, vision fugitive,
Ce jour où Dieu vous amena vers nous,
Où votre pied se posa sur la rive
De la cité qui s'ouvrait devant vous.
Dieu nous aimait, sa tendresse de père
Vous a choisi pour nous conduire à lui,
Et, quand le temps frappe tout sur la terre,
A notre amour il vous garde aujourd'hui,
Tandis que ceux qui, pour leur héritage,
Auprès de vous avaient choisi le Christ,
Et dont les noms brillaient à cette page
Où votre nom lui-même était écrit,
Aux champs sacrés du Père de famille,
On les a vus se pencher épuisés...
Où donc sont-ils ? comme sous la faucille,
Dans la moisson, les épis sont brisés,
Ils sont tombés, ils ont jonché l'arène
Où près de vous les entraînait leur cœur ;
Vous restez seul, comme reste le chêne
Qui des autans doit braver la fureur.
Ils mugiront, hélas ! de la tempête,
Vos cheveux blancs supporteront l'effort :
Mais, aux grands cœurs, lutter, c'est une fête !
Oui.... si l'erreur n'amenait pas la mort !

Si, méprisant jusqu'à l'amour suprême
Qui s'est un jour pour nous sacrifié,
L'impiété ne jetait son blasphême
Au front sanglant d'un Dieu crucifié !
Si, gémissant dans sa douleur amère,
L'Eglise en pleurs n'appelait, tendre mère,
Tant de ses fils égarés loin du ciel !
Et si, debout, au faîte de ce monde,
Voyant monter vers lui le flot qui gronde
Pour se briser sur le roc éternel,
Un Prêtre-Roi, s'offrant en sacrifice
Avec l'hostie immolée à l'autel,
Ne trempait pas sa lèvre à ce calice
Dont Jésus même a dû goûter le fiel !
Ah ! que Celui qui, de sa main divine,
Donne la force et la joie à nos cœurs,
Versant le baume où s'enfonça l'épine,
Pour adoucir ces augustes douleurs,
Pour conserver, d'une âme fraternelle,
Le doux soutien au prince abandonné,
Vous garde encore à l'amitié fidèle
De ce grand cœur vers le vôtre incliné !
Puis, il viendra, ce jour de la victoire,
Jour éclatant de triomphe et de gloire,
Que l'Eternel garde à la vérité !
Jour où la terre enfin pacifiée,
Chantant l'Eglise encor glorifiée,
Reconnaîtra son immortalité !
Et, n'ayant plus à désirer la vie,
Votre âme alors, par l'extase ravie,
Dans les élans de sa divine ardeur,
Brisant les fers qui la tiennent captive,
S'envolera, céleste fugitive,
Aux régions du suprême bonheur.

Mais faudra-t-il, pour vous, attendre encore
Jusqu'aux clartés de l'éternelle aurore,
Pour contempler, dans un jour radieux,
Les rangs bénis des légions des cieux ?
Non, sans monter à la cité des Anges,
Et sans franchir le seuil lointain du ciel,

Autour de vous se pressent des phalanges,
Vous saluant, dans ce jour solennel !
Regardez-les, ces princes de l'Eglise,
De toute part accourus près de vous;
En est-il un, dont la voix ne redise,
De l'amitié, le cantique si doux ?
Regardez-les, ces fils du sanctuaire,
Ayant quitté le cloître solitaire,
L'humble bourgade, ou les fières cités,
Pour se ranger en foule à vos côtés ;
Et sur ces fronts que votre aspect incline,
Et dans ces vœux que votre âme devine,
Dans ces regards vous cherchant en ce jour,
Si vous lisez le respect et l'amour,
Vous comprendrez qu'en vous, aimable père,
S'est accompli l'oracle du Sauveur :
Oh ! bienheureux celui dont la douceur
Avec le ciel a su gagner la terre !

Dans l'intervalle des chants et de la récitation de ces beaux vers, Mgr l'Archevêque de Tours s'est levé, et, de sa voix ferme et douce, s'est adressé en ces termes à Mgr Angebault :

MONSEIGNEUR ,

L'usage, qui s'est introduit parmi nous, de prononcer des discours dans les repas publics , est une importation étrangère que je n'aime point , car elle s'allie difficilement avec la gravité de nos habitudes ecclésiastiques.

Cependant, Monseigneur, le caractère de cette fête , qui est une fête de famille, semble m'inviter à prendre la parole, pour me rendre l'interprète près de vous de cette nombreuse réunion formée de l'élite de la société. Vous voyez ici , confondus dans un même sentiment pour votre personne , des collègues heureux de vous donner ce témoignage public de leur respectueux attachement: des magistrats , des chefs de l'armée, des députés, des administrateurs distingués, tous disposés à seconder votre zèle pour le bien ; un nombreux clergé, plein de piété et de science, qui vous entoure de sa vénération et de son amour ; des catholiques dévoués, qui honorent le pays par leurs talents et leurs services, et qui s'honorent eux-mêmes en restant fidèles à la religion.

Ce matin, Monseigneur, nous formions tous une couronne autour de vous, quand vous célébriez au saint Autel, après cinquante ans de sacerdoce , le

Saint Sacrifice avec cette ferveur et cette vivacité de foi que l'âge n'a point affaiblies. Nous avons demandé à Dieu , par nos prières , qu'il daignât vous conserver longtemps encore pour le bonheur de votre troupeau et pour l'honneur de l'Eglise : ces vœux, nous les renouvelons ici avec la confiance qu'ils seront exaucés.

Votre longue carrière, Monseigneur, a été pour tous un grand et utile enseignement , et pour votre diocèse, en particulier, une longue suite de bienfaits.

Vous avez montré , par votre exemple , avec quelle prudence et quelle fermeté les Evêques doivent défendre les droits de l'Eglise et ceux de son chef vénérable ; mais vous avez prouvé en même temps qu'en défendant cette sainte cause avec l'indépendance de la conscience, l'Evêque sait remplir tous ses devoirs envers les dépositaires de l'autorité temporelle.

Vous n'avez jamais voulu mêler la religion à la politique , confondre les intérêts du ciel avec ceux de la terre. Cette règle si sage a également présidé à la conduite de tous les Evêques, quoiqu'on ne nous ait pas épargné l'accusation contraire, accusation injuste que notre conscience et le bon sens repoussent. Ainsi , quand nous sommes venus, sur votre invitation , rendre hommage à la mémoire d'un grand capitaine et d'un grand chrétien , nous n'avons eu d'autre pensée que de prouver au monde que l'Eglise est toujours reconnaissante pour ceux qui se dévouent à elle, et qu'elle honore par-dessus tout l'héroïsme qui , mettant de côté tout calcul humain, entreprend résolûment de défendre la cause du faible et les droits de la justice.

Dans le cours de votre ministère d'évêque , Monseigneur , votre clergé a toujours trouvé en vous un père et un ami, les fidèles un bon pasteur nourrissant ses ouailles de la plus pure doctrine, les visitant sans cesse en bravant les plus dures fatigues.

Que de grandes et belles institutions ont été fondées ou perfectionnées sous votre action féconde , pour l'éducation de la jeunesse qui vous fût toujours chère ! Vous y avez mis toute votre sollicitude et même votre fortune personnelle. Que d'écoles établies par vos soins dans les campagnes , pour la propagation des principes chrétiens ! Que d'asiles pour le soulagement de la misère et de l'infirmité ! Que d'églises construites ou réparées ! Votre zèle et votre activité semblent n'avoir voulu rien laisser à faire à ceux qui viendront après vous.

Que dis-je , Monseigneur ? L'avenir est encore , nous l'espérons , ouvert devant vous pour longtemps ; aujourd'hui votre jeunesse se renouvelle comme celle de l'aigle. Vous vivrez encore de longues années pour multiplier et affermir le bien , pour défendre l'Eglise et consoler son chef dans ces temps difficiles, et pour soutenir la fidélité du troupeau. C'est le vœu de toute cette assemblée , de votre digne clergé et de vos pieux diocésains : c'est le vœu surtout de vos collègues, qui demandent à Dieu de conserver longtemps parmi eux un Prélat qui est à leurs yeux le vrai modèle de toutes les vertus épiscopales.

Mgr Angebault, se levant à son tour, a répondu ainsi qu'il suit à Mgr l'archevêque de Tours :

TRÈS-CHER ET BON SEIGNEUR ,

Que puis-je répondre aux paroles si bienveillantes que vous venez de m'adresser ? Mon cœur ne sait parler que par son émotion , et je ne sais comment vous exprimer ma reconnaissance. Pour vous, Messieurs, qui êtes venus vous associer à mes joies, je vous remercie sincèrement d'avoir bien voulu unir vos prières à mes prières, et donner à votre vieil Evêque ce témoignage de votre constante affection. Il y a plus de vingt-trois ans déjà que je suis habitué à m'appuyer sur vous et à compter sur votre concours. Je me rappelle ce jour où, en me relevant du pied de l'autel, j'apparaissais pour la première fois au milieu de vous, ici, dans cette même place. Alors je promis de consacrer à ce diocèse mes soins, mes travaux, ma vie tout entière, à vous mon affection paternelle ; en ce jour, mes bien-aimés coopérateurs, je renouvelle encore ce serment.

Il est inutile d'ajouter que la salle entière couvrit de ses applaudissements chaleureux l'allocution de Mgr l'archevêque de Tours et la réponse de Mgr l'évêque d'Angers. Mais après les Evêques, aucune voix ne s'élèverait-elle pour traduire les sentiments des nombreux invités laïques de Mgr Angebault ? Et puisque M. Segris, député d'Angers, assistait à cette fête, n'était-ce pas à lui de se faire leur interprète ? Pris à l'improviste, sans avoir un seul instant pour se préparer à ce qu'on lui demandait, M. Segris voulut d'abord se soustraire à cette invitation ; mais, comme on insistait, il se rendit enfin avec une bonne grâce parfaite, et, autant que nous pouvons nous le rappeler, voici comment il s'exprima :

MESSIEURS ,

Nous avons entendu les voix de nos vénérables Evêques et Prélats s'unir pour rendre hommage aux vertus épiscopales de Mgr l'évêque d'Angers. Ils vous ont dit avec quelle abnégation et quel dévouement, depuis cinquante années, il a su remplir les devoirs souvent pénibles et difficiles qu'impose le sacerdoce.

Qu'il nous soit permis de faire entendre aussi quelques paroles à un autre point de vue, et de nous rendre l'interprète du sentiment laïque si largement représenté dans cette fête toute personnelle et privée.

Est-il un seul d'entre nous, Messieurs, qui, mis en rapport avec Monseigneur, dans des situations et dans des conditions diverses, n'ait pu apprécier la douceur, la bienveillance et la modération dont ces relations ont toujours été empreintes.

Si ce sont là des vertus chrétiennes, ce sont aussi des vertus civiles que chacun reconnaît en vous, Monseigneur, et auxquelles il faut toujours rendre hommage, car elles rapprochent les hommes, et c'est par elles que toutes les situations peuvent s'unir et se donner la main pour réaliser le bien en ce monde et y faire prévaloir, avec l'esprit de justice, l'idée morale et religieuse.

D'unanimes bravos prouvèrent à M. Segris qu'il avait rendu, comme nous le désirions tous, les sentiments d'affec-

tion, de respect et de gratitude dont nous sommes pé-
nétrés pour notre Evêque, et ces bravos redoublèrent aprés
la réponse de Mgr Angebault à M. Segris :

Je vous remercie, cher Monsieur, lui dit-il, de ce que vous venez de me
dire au nom de tous ceux dont vous vous êtes fait l'interprète. J'aime à voir
mêlés et confondus l'élément laïque et l'élément ecclésiastique ; tous vous
faites partie de la même famille, à tous je dois et j'offre en ce jour les mêmes
sentiments d'amour. Le cœur d'un évêque est assez large pour vous y réunir
tous et offrir à chacun une place.

Le soir, les salons de l'Evêché s'ouvraient de nouveau, et
cette belle fête se terminait, comme elle avait commencé ,
par les vœux les plus sincères et les plus ardents pour la
conservation des jours précieux de l'Evêque, il faut plutôt
dire du Père, dont nous célébrions la cinquantaine.

Angers. — Imp. E. Barassé.